거꾸로 교실 거꾸로 공부

거꾸로 교실 거꾸로 공부

정형권 지음

하 우 투 플 립 러 닝

HOW TO FLIPPED LEARNING

BM (주)도서출판 성안당

"교육 대전환의 시대"

전대미문의 팬데믹은 상식의 전환과 새로운 규칙을 불러왔다. 4차 산업 혁명을 앞당긴 이 변화는 생활의 모든 영역에 침투하여 우리 삶을 획기적으로 변화시키고 있다. 교육도 예외가 아니다. 기존에 옳다고 믿었거나 관습적으로 사용하던 방식에서 벗어나 새로운 변화가 만들어지고 있다.

우리는 미래 교육의 한복판에 서 있다. 무한 공간에서 실시간으로 교육을 받으며 살아가고 있는 것이다. 요즘 교육의 장소를 학교라는 공간으로 한정 짓는 사람은 없다. 수업을 학교라는 물리적 공간에서, 정해진 시간에만 하는 것으로 여기는 것은 낡은 생각이다. 이러한 변화는 배움의 방식과 교사의 역할에 전환을 가져왔다.

팬데믹 이전부터 '거꾸로 교실'로 대표되는 교육 실험이 진행되어 전 세계로 확산되었으며, 이제는 100% 온라인 수업으로만 진행되는 스탠포드 온라인 고등학교나 미네르바 대학이 등장하여 새로운 교육 변화를 선도하고 있다. 이 학교들은 '온라인 거꾸로 수업'을 진행하여 학생들이 참여하는 능동적인 배움을 만들어 내고 있다.

이전의 전통적인 교실은 과거의 정보, 정해진 교과서, 틀에 맞춘 평가 시스템으로 운영되었으나, 점차 빅데이터 교실을 활용하여 실시간 피드백을 통해 스스로 데이터를 생성해 내는 방향으로 바뀌고 있다. 무한 학습 공간의 실시간 인터넷 교육을 어떻게 잘 운용할 것인가 하는 것은 교육의 중요한 과제가 되었다. 더불어 교사가 자신의 역할을 어떻게 자리매김하는지도 중요한 문제가 되었다.

"오늘날의 아이들은 주의력 결핍 장애자ADD, Attention Deficit Disorder가 아니라 참여하지 않으면 열 받는 자EOE, Engage Me or Enrage Me이다."라는 말이 있다. 잘 배우기 위해서는 잘 가르쳐야 하고, 잘 가르쳤는데도 잘 배우지 못한다면, 그것은 배우는 사람의 문제라고 간주되어 왔다. 하지만 아이들의 참여를 허용하지 않고 일방적으로 가르치기만 하는 것은, 아이들을 주의력 결핍으로 밀어 넣는 것과 같다.

오랫동안 아이들은 수동적으로 공부해 왔다. 학교에서나 가정에서나, 학원이나 과외 시간에도. 교육계에서는 그동안 자기주도학습을 해야 한다고 계속 강조하였지만 자기주도학습을 할 수 있는 환경과 틀을 제공하지는 못하였다. 가정에서는 엄마가 주도하고, 학교에서는 교사가 주도하고, 학원에서는 학원 선생님이 주도하고, 이렇게 반복되는 상황 속에서 아이들은 수동적이고 소극적이거나 때로는 거세게 저항하기도 하였다. '참여하지 않으면 열 받는 자'인 그들은 무기력한 모습으로 책상에 엎드리거나 친구들과 딴짓을 하거나, 교사와 엄마의 설명에 귀를 기울이지 않는 것으로 자신의 '열 받음'을 증명하였던 것이다. 그래서 이제는 학생들의 '능동적 참여'를 유도하는 시스템과 코칭 역량을 어떻게 개발할 것인가에 더 깊은 관심을 가져야 할 때이다.

아이들이 진짜 세상과 21세기의 빠른 변화 속에서 살아가기 위해서는 창의력과 문제 해결력을 키우는 자기주도적 학습 역량을 기르게 해야 한다는 주장이 오래 전부터 제기되었다. 그래서 교육 현장에서 자기주도적 배움이 일어나도록 많은 노력을 하였지만, 변화를 만들어 내기에 역부족이었던 게 사실이다. 그리고 가장 큰 문제는 교실 수업과 현실과의 괴리가 크다는 점이었다. 교육의 목적은 세상에 나가서 제대로 역량을 발휘하기 위함인데, 학교 수업이 현실과 차이가 크다 보니 참여가 적고 외면하는 일까지도 생겼다.

현 교육 시스템은 급격하게 팽창하던 산업 사회가 필요로 하는 표준형 인간을 양성하기에 적합한 구조였다. 따라서 변화하는 현대 사회와 미래 환경에 더 이상 효율적이지 않다는 것에 전문가들도 동의하며, 새 시대의 새 교육법을 찾고자 노력하고 있다.

다행히 많은 자료와 연구 결과들이 쏟아져 나오고 있다. 새 시대의 교육법에 대한 주장과 이론이 백가쟁명(百家爭鳴)식으로 제시되고 여러 시도도 있었으나, 혼란스러움을 가중시킨 면이 있었다. 이 책에서는 그동안 현장에서 검증되고 효과를 보았던 방법들의 공통점을 모아서 하나로 묶어, 구슬을 꿰어 보배로 만드는 데 주력하였다.

지금은 낡은 것과 새것, 과거의 것과 미래의 것이 부딪히며 공존하고 있다. 하지만 머지않아 낡은 것들은 사라지고 새것들로 교육의 현장이 채워지게 될 것이다.

이 책에서는 수가타 미트라와 살만 칸, 존 버그만 등이 제시하는 '21세기 아이들'에게 걸맞는 가르침의 방법을 정리하였다. 그리고 '거꾸로 교실'이라는 공통분모 안에서 미래 교육의 희망을 찾고자 하였다.

또한 《은수저》 수업으로 널리 알려진 하시모토의 '슬로 리딩' 수업이 '거꾸로 교실' 수업과 어떻게 닮아 있는지, 미래에 맞는 지도 방식이 무엇인지 생각하고 대안을 찾는 데 주력하였다. 그들의 목소리에 귀 기울인다면 우리 교육의 현장과 아이들을 가르치는 부모의 입장에서 많은 깨달음과 영감을 얻을 수 있을 것이다.

수가타 미트라는 '스스로를 교육하는 새로운 실험'이라는 TED 강연을 통해 아이들의 자기주도학습능력에 대한 새로운 관점을 제시하여 주었다. 그리고 '구름 속의 학교'를 만들이 자기주도적 학습 시스템을 체계화하였다.

살만 칸의 칸 아카데미나 존 버그만의 거꾸로 교실은 비슷한 면과 다른 면이 존재한다. 아무래도 칸은 학교 밖에서 교육을 바라보다 보니, 좀 다른 각도에서 해결책을 제시하고 있다. 이 둘을 비교하면서 보는 것도 새로운 재미를 줄 것이라 생각한다.

슬로 리딩 수업은 거꾸로 교실이 나오기 한참 전에 일본에서 시도되어 큰 성과를 보여 '기적의 교실'로 소개되었다. 거꾸로 교실에서 '교사의 가르침' 대신 무엇을 채워야 하나 고민하는 분들께 많은 아이디어를 제시하여 줄 것이다. 또 학생들이 참여하는 수업을 어떻게 만들지, 교사가 할 일이 무엇인지 등에 대하여 많은 아이디어와 영감을 제공할 것이다.

새로운 교육과 학습의 모델은 일방적인 가르침이 아니라 학생과 교사, 학생과 학생 간의 쌍방향 소통 모델이며, 교사의 역할이 단순히 지식을 전달하는 역할이 아니라 조력자나 코치의 개념에 더 가까워야 한다는 것이다.

21세기 교육법을 실천하고 있는 분들을 보면, 아이와 학습을 바라보는 관점에 공통점이 있다. 간단하게 정리하자면, '아이들은 적절한 동기와 환경만 제공되면 누구의 도움 없이도 스스로 배울 수 있으며, 자기들끼리 서로 가르치고 배우며 배움을 조직할 수 있다. 그리고 자신을 지지해 주는 적절한 코치를 만나면 더 잘 배울 수 있다.'는 것이다.

그래서 마지막 장에는 아이들이 스스로 공부할 주제를 정하고 연구 활동을 통해 자신의 연구 성과를 창조하는 '융합과 콘텐츠 생산'을 배치하였다. 미네르바 대학의 학생들은 4년간 세상에서 유용하게 사용할 수 있는 획기적인 내용물을 만들어 내는 캡스톤 프로젝트를 진행한다. 이렇게 유용하고 쓸모 있는 것을 만드는 과정에서 융합 사고력과 창의력은 극대화된다. 창의 사고력을 강조하면서 강의식이나 주입식 수업을 계속할 것이 아니라, 학생들이 자신만의 '창조물'을 만들 수 있도록 교육의 틀을 완전히 바꿔야 한다. 그래야 아이들의 지적 능력과 창조성, 융합 능력이 이전과는 비교할 수 없을 만큼 증대되어 진정한 자기주도학습자의 길로 나갈 수 있다.

이 책에서 내가 새로 만들어서 제시하는 내용은 없다. "거인의 어깨 위에 올라서서 더 먼 곳을 볼 수 있게 된 셈이다."라고 하였던 뉴턴의 말처럼, 기존에 나와 있던 자료들을 정리하고 종합하여 새로운 깨달음과 가치를 공유하고자 하였다. 오늘도 교육의 현장 어딘가에서 21세기 아이들에게 배움이 일어나도록 힘쓰고 있는 모든 분들께 갈증을 해소하는 단비가 되어 주기를 희망한다.

정 형 권

Contents

2 세상에서 가장 큰 학교, 칸 아카데미

3 교실 이데아, 거꾸로 교실

Contents

4 기적의 교실, 슬로 리딩

5 콘텐츠 생산과 거꾸로 공부

1

배움을 스스로 조직하는 아이들

의문의 싹

**교육이 가난의 굴레를
벗겨 줄 수 있을까**

인간으로 태어난 이상 누구에게나 공평한 기회가 제공되어야 한다. 하지만 지금 이 시간에도 지구촌의 10억이 넘는 인구가 기아에 허덕이고 있다. 이들은 한 끼 식사를 해결하기 위하여 쓰레기 더미를 뒤지고 있다. 반면에 음식이 남아돌아 쓰레기통에 버리거나, 비만 때문에 건강을 위협 받는 사람들이 있다. 심지어 날씬한 몸매를 유지하기 위하여 다이어트에 목숨 거는 사람들도 있다.

이와 같이 모순된 현실 속에서 인간의 존엄성과 평등을 말할 수 있을까? 가난한 이들을 구제할 수 있는 방법은 없는 것일까? 그들을 가난에서 구해 줄 최선의 방법은 바로 '교육'일 것이다. 그렇지만 안타깝게도 빈민촌에는 구원의 햇살이 비추지 않는다. 그들에게는 좋은 선생님도, 다양한 학습 자원도 꿈과 같은 이야기이다. 아니, 그들에게는 교육 자체가 사치에 가깝다고 해야 할 것이다. 그렇다면 과연 그들에게 우리가 해 줄 수 있는 것은 무엇일까?

12억 인구의 절반 이상이 극심한 가난에 허덕이는 인도. 그곳의 어느 거리에서 수가타 미트라Sugata Mitra 는 이와 같은 질문을 항상 마음속에 담고 다녔다. 그는 늘 질문을 품고 살았지만, 금방 해답을 찾을 수는 없었다.

뛰어난 물리학자였던 수가타 박사는 인도 최고의 연구기관인 인도과학기술원IIT 에서 복잡한 문제를 풀어내기 위하여 컴퓨터를 이용한 분자궤도계산 분야를 연구하며 경력을 쌓아가고 있었다. 그즈음 인터넷의 등장으로 세상에 커다란 변화가 다가오고 있음을 직감한 그는, 인도 최초로 근거리 통신망LAN 을 설치하고 컴퓨터를 이용한 정보혁명을 선도하였다. 그런데 전혀 예상치 못한 변화가 그를 기다리고 있었다.

**아이들을 특별하게
만들어 주는 것은
호기심이야**

그가 뉴델리에서 컴퓨터 프로그래밍을 가르치고 있을 때였다. 그의 사무실 건너편은 첨단의 문명과는 거리가 먼 최악의 빈민가였다. 어느 날 쓰러져 가는

움막에서 낮잠 자는 아이들의 모습을 보던 수가타는 문득 이런 생각이 들었다.

'이렇게 가난하고 교육에서 소외된 아이들은 컴퓨터 프로그래밍을 접할 기회조차 없겠지.'

설령 그럴 기회가 주어진다고 해도, 기본 지식이 전혀 갖춰지지 않은 아이들이라 내용을 소화하기는 힘들 거라는 생각이 들었다. 그저 한숨만 나올 따름이었다.

이와 반대로 부유한 집안의 아이들은 컴퓨터를 접할 기회가 많았다. 대부분 집에 컴퓨터가 있었고, 컴퓨터 작동법과 컴퓨터 언어를 배워 자유롭게 프로그래밍을 하였다. 그들은 컴퓨터뿐만 아니라 다른 방면에서도 탁월함을 보였다. 부모들은 자녀의 천재성에 대해 자랑하고는 하였다.

"우리 아들은 특별한 재능이 있어요. 컴퓨터로 못하는 게 없다니까요. 그리고 제 딸은 아주 정숙하고 똑똑하답니다."

사람들은 그들의 이야기에 고개를 끄덕이며 감탄하였다. 그 아이들이 똑똑한 것은 당연한 일이라고 여겼다. 하지만 수가타의 마음속에서는 의문이 생겼다.

'어째서 부잣집 아이들은 이렇게 뛰어난 재능을 가지고 있는 것일까? 부잣집 아이들과 가난한 집 아이들은 유전자부터 다른 것일까?'

수가타는 이러한 생각을 받아들일 수 없었다. 빈민가에서 마주친 아이들은 호기심과 열정에 가득 찬 모습이었다. 비록 하루의 끼니를 걱정하며 쓰레기 더미를 뒤지더라도 모험심과 탐구심은 여느 아이들과 다르지 않다고 생각하였다. 그들의 눈빛은 긍정과 천진난만함으로 빛났고, 이는 그들에게도 무궁한 가능성이 있음을 증명해 주고 있었다. 그 모습을 물끄러미 바라보고 있던 그는 이러한 생각을 하였다.

'그래, 아이들을 특별하게 만들어 주는 것은 호기심이야.'

아이들은 어떻게 배우는가

수가타는 아이들의 학습 방식에 주목하였다. 유심히 관찰하여 보니, 아이들이 무언가를 배울 때 하나의 패턴을 반복하는 것을 볼 수 있었다. 그것은 바로 끊임없이 시도하고 끊임없이 실패함으로써 배움을 축적해 나가는 것이었다.

아이는 자신의 흥미를 끄는 것이 있으면 일단 다가선다. 그리고 무언가를 시도한다. 그것이 재미있으면 반복을 하고, 재미가 없거나 자신에게 해를 끼치면 중단한다. 반복하는 과정에서 비슷하고 다양한 경험들이 쌓이게 되면, 그것들 간의 상관관계를 이해하게 된다.

관찰을 통해 이 사실을 알게 되자, 그의 머릿속에 번쩍하고 스치는 것이 있었다. 바로 컴퓨터였다. 부잣집 아이들 방에 대부분 설치되어 있는 그 컴퓨터를 활용한다면 좋은 답을 찾을 수 있을 것 같았다.

그는 컴퓨터야말로 아이들의 넘치는 호기심을 채워 줄 최상의 도구라고 생각하였다. 끊임없이 시도하고 질문하고, 실패해도 아이들을 혼내거나 야단치지 않고 항상 받아 줄 수 있는 효과적인 피드백 시스템이라는 확신이 들었다. 처음에 배우기가 힘들어서 그렇지 일단 사용법만 익히면 혼자서도 많은 것을 배우고 익힐 수 있는 최고의 교재라 판단하였다.

사실 수가타가 처음으로 개인용 컴퓨터를 구입하여 사용하느라 애를 먹고 있을 때 그를 도와준 것은 다름 아닌 그의 어린 아들이었다. 그는 자신의 아들이 천재라고 생각하였다. 하지만 얼마 지나지 않아 친구의 아이들도 모두 자신의 아들과 다르지 않다는 것을 깨닫게 되었다. 수가타는 뉴델리 빈민가의 아이들은 어떨까 하는 의문이 들었다. 자신과 주변 친구들의 아이들만 예외적으로 똑똑하고 빈민가의 아이들은 그렇지 않다는 것은 불가능하다고 생각하였다. 그래서 그는 컴퓨터를 가지고 그 믿음을 확인해 보기로 하였다.

거꾸로 공부 포인트

❶ 아이들을 특별하게 만들어 주는 것은 호기심이다.
❷ 아이들은 끊임없는 시도와 실수를 통해서 배운다.

▼●▼

벽 속의 구멍

—

벽 속의 구멍
(hole in the wall)

—

인도 델리에 위치한 수가타 미트라 교수의 사무실은 문을 열면 바로 빈민가로 통하였다. 그는 곧장 사무실 벽에 구멍을 뚫었고hole in the wall, 컴퓨터를 그 구멍에 끼워 넣었다. 바깥에서 보면 정말 우스꽝스러운 모습이었다. 그때가 1999년 어느 날이었다.

미트라 교수는 건물 벽에 구멍을 뚫고 컴퓨터를 설치해 그곳 아이들이 자유롭게 사용할 수 있도록 하였다. 그러나 컴퓨터 사용법에 대해서는 아무런 설명도 하지 않았다. 그저 아이들이 자유롭게 컴퓨터를 가지고 놀 수 있도록 해 주었다.

아이들이 달려왔다. 조그만 아이들이 그에게 물었다.

"이게 뭐예요?"

"응, 그건 나도 몰라."

아이들이 컴퓨터를 바라보며 이렇게 물었다.

"왜 이걸 여기 집어넣었어요?"

미트라 교수는 "그냥"이라고 짤막하게 대답하였다.

아이들이 "만져도 돼요?"라고 묻자,

"만지고 싶으면…."이라고 웃으며 대답해 주었다.

그러고서 그는 볼일을 보기 위해 자리를 떴다. 몇 시간이 지난 뒤에 돌아온 그는 아이들이 컴퓨터 앞에 서서 자기들끼리 마우스를 이리저리 움직이며 무언가에 대해 묻고 답하는 것을 보았다. 믿기지 않는 광경이었다.

미트라 교수는 후배 동료에게 "아, 말도 안 돼. 어떻게 이런 일이 생길 수 있지? 아이들은 컴퓨터 사용법을 모르는데…."라고 말하였다. 그랬더니 그의 동료는 "그거요? 선생님 제자 가운데 한 명이 지나가다가 아이들한테 마우스 쓰는 법을 보여 주었을 거예요."라고 대답하였다. 듣고 보니 그럴 수도 있겠다는 생각이 들었다.

아이들은 스스로를 가르친다

그는 비슷한 실험을 다른 곳에서 하였다. 그는 델리에서 480킬로미터 떨어진 아주 외진 마을로 갔다. 거기서는 컴퓨터 관련 기술자가 지나갈 가능성이 거의 없기 때문에, 아무도 아이들에게 무언가를 가르쳐 줄 수 없을 거라고 생각하였다. 그는 거기서 실험을 반복하였다. 그리고 그곳에 계속 머물 수가 없어서 컴퓨터를 끼워 놓고는 마을을 떠났다. 몇 달 뒤에 돌아왔더니 놀랍게도 아이들이 컴퓨터로 게임을 하고 있었다.

그런데 아이들이 그를 보더니 이렇게 말하는 것이었다.

"더 빠른 프로세서와 더 나은 마우스를 갖고 싶어요."

그래서 그는 이렇게 물었다.

"어떻게 너희들이 그런 걸 다 아니?"

그러자 아이들은 불만 가득한 목소리로 말하였다.

"아저씨가 우리한테 영어로만 작동되는 기계를 남겨 주어서 얼마나 고생했는지 알아요? 우리는 기계를 쓰려고 서로에게 영어를 가르쳐야만 했다구요."

그는 선생님으로서는 처음으로 '스스로 가르치다'라는 말이 아무렇지도 않게 실행되는 것을 그곳에서 보게 되었다. 누구라도 그 자리에 있었다면 놀라움에 전율하고, 말할 수 없는 감동을 받았을 것이다.

인도 남부의 다른 마을에서는 소년들이 디즈니 사이트나 이와 비슷한 웹 사이트에서 다운로드한 소프트웨어상에서 비디오카메라를 조립한 다음, 호박벌 사진을 찍으려고 하는 것을 볼 수 있었다. 미트라 교수가 마을에 컴퓨터를 설치한 지 불과 14일이 지난 뒤였다. 그는 실험을 통해 아이들만으로 이루어진 그룹은 어디에 있는 누구건 컴퓨터와 인터넷 사용법을 스스로 배워 나갈 수 있다고 결론 내렸다.

미트라 교수의 도전은 인도, 캄보디아, 아프리카 등에서 계속되었다. 2002년, 인도 하이데라바드의 빈민가에 위치한 학교에 다니는 12~16세 아이 16명이 실험에 참여하였다. 이 아이들은 우르드어 또는 텔레구어를 모국어로 사용하지만 학교 수업은 영어로 진행하였기 때문에 영어를 읽고 말할 줄 알았다. 하지만 표준 영어를 구사하기에는 많은 무리가 있었다.

이 아이들에게 영어 학습 프로그램이 설치된 컴퓨터가 보급되었다. 컴퓨터에는 아이들이 영어 발음을 따라하고 그 발음을 인식할 수 있도록 하는 장치가 설치되었다. 이에 더하여 〈왕과 나〉, 〈마이 페어 레이디〉, 〈나바론 요새〉, 〈사운드 오브 뮤직〉이라는 영화 네 편이 컴퓨터에 설치되었다. 아이들이 영화를 보면서 재미있게 영어 표준 발음을 배울 수 있도록 한 배려였다.

아이들은 매주 세 시간씩 컴퓨터를 통해 영어 공부를 하였다. 아이들이 컴퓨터를 다루는 시간 동안 어른들은 전혀 개입하지 않았다. 5개월이 지나자 아이들은 표준 영어를 구사하기 시작하였다. 아이들은 선생님의 설명이나 가르침 없이 자발적으로 공부하면서 영어 실력을 개선시켰던 것이다.

계속되는 미트라 교수의 실험을 통해 우리는 '아이들은 자기가 배우길 원하는 것을 배운다'는 것과, '아이들은 스스로 배울 수 있는 힘과 능력을 가지고 있다'는 사실을 깨달을 수 있다. 아이들에게 스스로 공부할 수 있는 능력이 없을 것이라는 의심은, 학습의 자율을 존중하기보다는 타율적인 공부를 하도록 만든다. 아이들 내부에 배우려는 동기가 충만하고 스스로 배움을 지속할 수 있는 힘과 능력이 충분하다는 것을 믿어 주면, 그들은 놀라운 능력을 발휘할 것이다.

거꾸로 공부 포인트

❶ 아이들은 스스로 공부하고 싶은 것을 공부한다.
❷ 아이들은 자기 안에 공부할 수 있는 힘과 가능성을 충분히 갖추고 있다.

▼●▼

테크놀로지를 활용하여
학습하는 아이들

실험 과정에서 수가타 미트라는 도시에서 멀리 떨어질수록 아이들의 학업 성취도가 더 낮다는 것을 발견하였다. 그래서 '벽 속의 구멍' 실험을 통해 컴퓨터를 활용하여 아이들의 학업 성취도를 향상하는 방법에 관하여 연구하였다.

수가타의 연구팀은 외딴 마을 22개소에 컴퓨터 100대를 설치하고, 현장 요원들이 관찰을 시작하였다. 실험은 9개월 동안 진행되었으며, 컴퓨터를 사용하지 않는 아이들로 이루어진 집단과 자주 인터넷을 사용하는 또 다른 집단을 비교하였다. 컴퓨터를 사용한 아동의 수는 약 4만 명 정도였는데, 이들 중 대다수가 스스로의 힘으로 컴퓨터 리터러시(컴퓨터나 컴퓨터 소프트웨어를 이해하고 효과적으로 활용할 수 있는 능력)를 갖추었다. 불과 9개월 만에 컴퓨터 리터러시 평균 점수가 6점에서 40점으로 향상되었다.

산악 지대에 위치한 부탄에서는 550명이 실험에 참가하였다(실험 집단 350명, 컴퓨터를 사용하지 않는 집단 200명). 컴퓨터를 대하는 부탄 사회의 태도는 인도와 달랐고, 부탄 아이들은 인도 아이들보다 테크놀로지를 접할 기회도 훨씬 적었다. 하지만 아이들의 학습 속도는 비슷하였다. 아이들은 초기 0.51점에서 8개월 후 30점으로 상승하였다.

몇 년에 걸쳐 이러한 실험을 한 수가타는 '아이들에게 안전한 공공 장소에서 인터넷을 사용하게 해 주면, 어른의 가르침 없이 컴퓨터와 인터넷을 배울 수 있다는 것이 명확해졌다.'라고 밝혔다.

그런데 수가타는 실험 과정에서 중요한 발견을 하였다. 그것은 아이들이 혼자 있을 때보다 함께 있을 때 훨씬 더 빠른 속도로 학습한다는 것이다. 집단의 하이브 마인드(hive mind, 다수의 개체를 지배하는 하나의 정신을 뜻하는 개념으로, 벌 군집이 마치 하나의 생물처럼 기능한다는 것을 모티브로 탄생한 개념이다)가 교사의 몫을 효율적으로 해낸다는 것을 확인한 것이다. 다시 말해, 아이들이 서로 가르치고 배우며 성장한다는 것을 발견한 것이다. 훗날 수가타는 이러한 배움이 자기조직적 체계의 사례라고 깨닫고, 수업의 방식으로 채택하게 된다.

수가타 미트라의 교육 실험에 대한 소식은 널리 퍼졌고, 2006년 11월에 그는 뉴캐슬 대학교 교육공학과 교수로 임용되었다. 미트라 교수는 영국과 유럽, 세계 각지에서 더 발전된 모델로 교육 실험을 계속하였다. 그러면서 이제 공교육에 접목할 방법을 찾기 시작하였다.

어느 날 그는 초등 4학년 아동 24명에게 다섯 개의 GSCE(중등 졸업시험) 문제를 풀어 보게 하였다. 교과 과정에 따른다면 그것은 4년 뒤에나 배울 내용이었다. 네 명당 컴퓨터 한 대를 제공하였고, 아이들에게 무엇을 하든 누구와 이야기하든 상관없으며 돌아다녀도 된다고 하였다. 그것은 벽 속의 구멍 실험에서 아이들이 배움을 얻었던 환경과 똑같은 환경을 제공하기 위함이었다.

아이들에게 설명한 뒤 미트라 교수와 교사는 멀리서 아이들의 모습을 지켜보았다. 30분쯤 지나자 아이들이 무리를 지어 종이에 답을 쓰기 시작하였다. 모두 답안을 제출하자 미트라 교수는 각각의 그룹에게 문제를 하나씩 만들라고 하였다. 그리고 아이들은 다른 그룹이 낸 문제를 인터넷을 사용하지 않고 풀었다.

GSCE(중등 졸업시험) 문제 채점 결과	
구분	점수
1그룹	5점
2그룹	5점
3그룹	4점
4그룹	3점
5그룹	2점

아이들이 만든 문제 채점 결과	
구분	인원
1점	7명
2점	13명
3점	2명
4점	1명
5점	1명

이 실험을 통해 아이들은 교과 과정보다 몇 년 앞선 GSCE 시험 문제에 답할 수 있으며, 집단 학습 후에 얻은 답을 완전히 자신의 것으로 소화할 수 있다는 것을 확인하였다. 여기서 미트라 교수는 하나의 의문이 생겼다. 과연 이렇게 얻은 지식을 아이들이 오래 기억할 수 있을까 하는 것이었다. 그래서 두 달 후 학교에서 다시 시험을 치렀고, 시험 결과는 이러하였다.

5점-9명, 4점-7명, 3점-5명, 2점-2명

학교에서 아이들에게 같은 내용을 가르친 적이 없었지만, 아이들은 처음보다 더 높은 성적을 받았다. 처음에는 이 결과를 보고 미트라 교수도 당황하였다. 이것이 아마도 교육의 새로운 방향을 가리키는 풍향계와도 같았기 때문이다.

그는 연구 결과를 발표하였다. 그러자 많은 교사가 그것을 따라하였고, 동일한 결과가 나왔다고 보고하였다. 이제 수가타 미트라의 실험은 교실 안으로 들어오기 시작하였다. 그것은 전통적인 질서 속에서 진행되는 방식이 아니라, 가벼운 혼동이나 약간의 혼란이 있는 상태에서 자생적으로 질서가 출현하는 것이었다. 그래서 여기에 어울리는 이름을 찾아 냈는데, 그것이 바로 자기조직적학습환경SOLE이었다.

미트라 교수는 몇 년에 걸친 실험을 통해서 컴퓨터와 인터넷을 자유롭게 이용할 수 있게 되면, 아이들은 다음과 같은 일을 할 수 있다는 것을 알게 되었다.

① 대부분 사용자는 스스로 컴퓨터와 인터넷 사용법을 배운다.
② 이메일 작성, 채팅, 정보 검색에 필요한 영어를 스스로 배운다.
③ 몇 달 안에 질문에 대한 답을 인터넷에서 검색할 줄 알게 된다.
④ 스스로 영어 발음을 향상시킬 수 있다.
⑤ 학교에서 수학과 과학 과목의 성적이 나아진다.
⑥ 의견을 평가하고 특정 이념을 주입하려는 메시지나 선전을 알아본다.

적절한 동기와 도구가 주어지면 배움이 일어난다

21세기에는 인터넷이라는 환경을 통해 누구나 자신이 배우고 싶고 연구하고 싶은 분야의 정보를 무한대로 공급 받을 수 있게 되었다. 아이들은 적절한 동기가

형성되면 주변 환경을 활용하여 스스로 배울 수 있으며, 자기 안의 무궁한 창조성을 드러낼 수 있다.

이쯤에서 미트라 교수의 또 다른 실험을 따라가 보자.

그는 이탈리아 토리노의 한 마을에 있는 교실에서 10살짜리 학생들만 남겨 두고 선생님들을 모두 내보냈다. 그리고 자신이 직접 수업을 진행하였다. 그런데 미트라 교수는 영어밖에 못하고 아이들은 이탈리아어밖에 못하니, 의사소통을 할 방법이 없었다. 이때 미트라 교수는 컴퓨터를 활용하여 수업을 진행하였다. 그는 칠판에 영어로 다음과 같이 썼다.

"공룡은 어째서 다 사라졌을까?"

아이들은 그것을 보고 "네~에?"라며 어리둥절하다는 표정을 지었다. 그러더니 얼마 후에 구글에 그 문장을 입력하고 이탈리아어로 번역한 뒤, 이탈리아어 구글로 가서 그에 대한 답을 찾아냈다. 그러자 미트라 교수는 아이들에게 좀 더 어려운 문제를 내 주었다.

"피타고라스가 누구고, 그 사람이 무엇을 하였지?"

잠시 아이들이 조용해지는가 싶더니 "철자가 틀렸어요. Pitagora에요."라고 하는 것이었다. 그러고 나서 20분이 지났을 뿐인데 모니터에 직각 삼각형이 나타나기 시작하였다. 미트라 교수는 그때 등줄기에 소름이 돋았다고 한다. 그는 '이 10살짜리 아이들에게 30분만 더 주었다면, 더 대단한 것을 알아내지 않았을까?' 하는 생각이 들었다고 한다.

　이러한 실험 과정을 통해 '동기를 부여할 수 있는 적절한 질문으로 호기심을 자극하면 아이들이 배움에 적극적이 된다는 것'을 알게 되었고, 나중에 자기조직학습시스템을 만들 때 이를 적극 반영하였다.

　이와 같은 실험은 교사와 학생이 사용하는 언어가 달라도 수업을 할 수 있으며, 아이들의 배움이 일어날 수 있다는 가능성을 보여 주고 있다. (가르치는 사람과 배우는 사람의 언어가 달라도 배움이 가능하다는 것은 뒤에 나오는 조제프 자코토 교수의 사례에서 자세히 설명하고 있다.)

할머니처럼 가르치기

**그냥 할머니처럼
가르치면 돼요**

아이들의 스스로 배우는 능력을 확인한 미트라 교수는 또 다른 실험을 진행하였다. 그는 2007년에 인도의 남부 칼리쿠팜에서 타밀어를 쓰는 12살찌리 아이들이 영어로 생명 공학을 스스로 깨칠 수 있을지 실험해 보기로 하였다. 그는 실험을 준비하면서도 이것은 아이들이 할 수 없는 말도 안 되는 실험이라고 생각하였다.

미트라 교수는 26명의 아이들에게 말하였다.

"이 컴퓨터에 들어 있는 건 정말 어려워. 아무것도 이해하지 못한다고 해도 내가 놀라진 않을 거야. 다 영어로 되어 있어. 그럼 난 간다."

그러고는 컴퓨터와 아이들만 남겨 둔 채 교실을 나왔다. 교실을 나오기 전에 아이들의 수준을 점검하기 위해 간단한 시험을 치렀는데 역시 모두 0점이 나왔다. 아이들은 그 분야에 대해 어떠한 정보도 가지고 있지 않았다. 그러므로 만약 아이들이 스스로 생명 공학을 학습하고 이해하게 된다면 정말 놀라운 일이 될 것이다. 그는 두 달이 지난 후 아이들에게 돌아왔다.

"그래, 뭘 좀 봤니?"라고 아이들에게 물었다.

"네. 봤어요."

"좀 이해가 되니?"

"아뇨, 아무것도 모르겠어요."

그러자 그는 물었다.

"흠, 얼마나 공부하고서 아무것도 모르겠다고 생각한 거지?"

"매일이요."

"이해하지도 못하는 걸 두 달 동안이나 매일 들여다봤다고?"

"네~."

그러면서 12살 소녀는 이렇게 말하는 것이었다.

"DNA 분자의 부정확한 복제가 유전병을 일으킨다는 거 말고는 아무것도 이해할 수 없었어요."

이 대답에 깜짝 놀란 미트라 교수는 아이들의 실력을 테스트하기 위해 시험을 치렀는데, 30점 정도의 점수가 나왔다. 불과 두 달 전의 시험에서 0점을 맞을 정도로 아무런 지식이 없던 아이들이 교사의 도움 없이 이러한 결과를 얻은 것이 놀라웠다. 그는 '벽 속의 구멍' 실험에서 알게 되었던 아이들의 잠재력을 다시 한번 확인할 수 있었다.

그런데 '만약 아이들에게 선생님이 있었다면 어땠을까? 좀 더 효과적으로 공부하고 더 나은 결과를 얻지 않았을까?'라는 생각이 들었다. 미트라 교수는 아이들에게 교사를 구해 주기로 마음먹었다.

　그런데 그 동네에는 아이들에게 생명 공학을 가르칠 만한 선생님이 없었다. 그러다 아이들과 함께 축구도 하고 친구처럼 지내는 젊은 여성을 알게 되었다. 그녀는 그 지역에서 회계사로 일하고 있었다. 어느 정도 친분이 쌓이자 그는 그 회계사에게 "생명 공학에서 합격점을 받을 수 있게 아이들을 가르쳐 주시겠습니까?"라고 요청하였다. 하지만 그녀는 생명 공학에 대해서 아무것도 모른다며 정중히 거절하였다. 그러자 미트라 교수는 이렇게 말하였다.

　"너무 걱정할 것 없어요. 그냥 할머니처럼 가르치면 돼요."

　"할머니처럼 가르치는 건 어떤 거죠?"

　"아이들이 무언가를 해내면, '와우~ 대단한데', '어떻게 했니?', '그 다음엔 뭐가 있을까?', '내가 너만 한 나이였을 땐 그걸 못했을 거야'라고 하기만 하면 돼요."

　이렇게 칭찬과 격려를 하면서 아이들의 학습 의지를 북돋아 주기만 하면 된다고 미트라 교수는 말하였다. 생명 공학에 관한 무언가를 가르치거나 이해시키는 일을 할 필요는 없고, 그저 응원 단장처럼 더 재미있게 학습할 수 있도록 마음에 자극을 주라는 것이었다.

　회계사가 미트라 교수의 제안을 받고 머릿속에 떠올렸던 것은 전통적인 교사의 역할이었다. 그러나 미트라 교수가 원한 것은 그것이 아니었다. 그는 그동안의 실험에서 아이들은 스스로 공부할 수 있는 힘과 능력이 있다는 것을 확인하였기 때문이다. 그는 단지 옆에서 아이들을 지켜봐 주고 응원해 줄 교사가 필요하였던 것이다.

그렇게 다시 두 달이 지났다. 회계사는 아이들과 함께하면서 그들의 성취에 감탄할 뿐, 무엇을 가르치거나 하지는 않았다. 다시 평가를 해 보니 아이들의 점수는 50점이 되었다. 이 점수는 뉴델리의 생명 공학 전문 선생님이 가르친 학생들의 평균 점수와 같은 점수였다. 그래서 미트라 교수는 다음과 같은 결론에 도달하였다.

"역시, 아이들에게는 선생님이 필요하다. 아이들은 스스로 배울 수 있는 능력을 충분히 가지고 있지만, 선생님의 지지와 격려를 받는다면 그것을 훨씬 더 잘 해낼 수 있다. 감탄은 강력한 교육 도구이다. 자기조직적 학습을 촉진하는 것은 감탄이다!"

그런데 만약 그 회계사 선생님이 생명 공학의 지식을 가르치기 위해 본인이 직접 공부를 하고, 아이들에게 설명하고 이해시키려고 노력하였다면 어떻게 되었을까? 결과를 단정 짓기는 어렵지만 한 가지 예측 가능한 것은, 그 회계사 선생님은 생명 공학에 대해 아주 많이 이해하게 되었을 거라는 것이다. 그렇다면 아이들도 생명 공학에 대한 지식이 늘어났을까? 아마도 아닐 것이다. 선생님은 열심히 가르쳤을지 몰라도 아이들은 흥미를 잃고 생명 공학에서 점점 더 멀어졌을 가능성이 높다.

그렇다면 지금 아이들에게는 자신의 지식을 전달하기 위해 애쓰는 선생님보다는, 학생들이 스스로 배울 수 있도록 옆에서 지켜봐 주고 도와주는 선생님이 필요한 게 아닐까? 이것은 가정에서도 마찬가지이다. 부모가 아이에게 일방적으로 공부를 가르치려 하면 자녀와 부모의 관계가 나빠지는 경우가 많다. 따라서 부모의 역할을 할머니처럼 단지 지켜봐 주고 격려해 주는 것으로 바꾸면, 아이와의 관계도 좋아지고 아이는 스스로 더 잘 공부하게 될 것이다.

미트라 교수의 '할머니 선생님' 실험은 계속되었다. 이번에는 진짜 할머니를 교사로 참여하게 하였다. 미트라 교수는 수백 명의 영국 할머니들을 자원봉사자로 활용하여 전 세계 SOLE(자기조직학습환경) 프로그램에 투입하였다. 이들은 주로 퇴직한 선생님들인데, SOLE에서 이들의 역할은 전통적인 선생님의 역할이 아니었다. 이들의 역할은 스카이프Skype와 같은 인터넷 통신 프로그램을 통해 아이들이 최선을 다하도록 격려하고 그들의 성과에 대해 칭찬을 해 주는 것이었다. 교육에 참여한 할머니들이 받은 안내문에는 이렇게 적혀 있었다.

- 가르치지 마세요.
- 대화를 나누세요.
- 질문을 던지고 아이들에게 답을 찾아보라고 하세요.

미트라 교수는 이 방법을 '최소 간섭 교육Minimally Invasive Education '이라고 불렀다. 아이들은 인터넷을 통해 대화하면서 배우고 칭찬을 통해 격려 받으며 학습의 재미를 느낄 수 있었다.

전통적 교육 방식은 시험과 처벌을 중요시한다. 이는 아이들의 두뇌를 멈추게 하고 두려움을 느끼게 한다. 따라서 아이들이 공부에 흥미를 느끼고 스스로 학습하게 하기 위해서는, 조그만 일에도 감탄하고 격려해 주는 할머니처럼 가르칠 필요가 있다.

**처벌과 시험은
배움의 뇌를 닫게 한다**

신경과학의 연구 결과, 우리 뇌의 가운데에 자리 잡고 있는 '파충류 뇌'라는 부분은 위협을 받으면 모든 것을 닫아 버리는 특성이 있는데, 배움을 담당하는 전두엽 피질이 그 영향을 받는다고 한다. 그런데 학교 교육에서 사용하는 '처벌과 시험'이라는 방법은 아이들의 뇌에 위협으로 여겨진다. 그러므로 '처벌과 시험'은 배움의 뇌를 닫게 하는 원인이라 할 수 있다. 물론, 이러한 교육이 표준화된 인재 양성에는 유용한 방식일 수 있다. 하지만 오늘날의 사회는 표준화된 인재가 아니라 창의적인 인재를 요구하고 있다. 따라서 미트라 교수는 교육이 '위협'에서 '배움에 대한 즐거움'으로 균형 잡힐 필요가 있다고 주장한다.

미트라 교수의 실험은 교사들의 역할이 필요 없다는 것이 아니라,

새로운 학습 환경에서 그들의 역할 변화가 필요하다는 것을 보여 준다. 특히, 교사가 충분하지 않은 지역에서는 이러한 시스템이 정규 학교 교육에 대한 대안이 될 수 있다는 것을 설명해 주고 있다.

거꾸로 공부 포인트

❶ 아이들은 스스로 배울 수 있는 능력이 있다.
❷ 부모나 교사의 지지와 격려가 있다면 아이들은 자기 능력을 극대화시킨다.
❸ 따라서 교사는 가르치는 능력뿐만 아니라 공감하고 격려하는 능력을 계발해야 한다.

자기조직학습환경(SOLE)

**교육의 근본은 무엇이든
스스로 배울 수 있는
능력을 길러 주는 것**

"현대 학교 제도는 시대에 뒤떨어져 있고 미래를 대비하기에는 너무 낡았습니다. 반면 아이들은 자신들이 원하는 것을 배우고 흥미가 있으면 혼자서도 학습할 줄 안다는 것을 실험을 통해 증명하였습니다."

미트라 교수는 전통적인 교육 시스템이, 식민 제국 시절에 영국이 광대한 영토를 통치하기 위하여 개발한 교육 방법에서 기인하였다고 본다. 즉, 원활한 관료주의적 행정과 표준화된 생산에 필요한 대체 가능한 인력(부품)을 양성하기 위해, 모든 개인이 서로 똑같은 방식으로 읽고, 쓰고, 셈하도록 가르치는 것을 교육의 목적으로 삼았다는 것이다. 하지만 제국주의 식민지 시대는 오래 전에 끝났다. 오늘날 우리에게는 창의적 인재를 키워 낼 수 있는 새로운 교육 시스템이 필요하다.

"지금의 교육 시스템은 300년 전 대영 제국 시대에 만들진 것입니다. 세계를 지배하기 위해 영국이 고안한 게 '인간 컴퓨터'였죠. 쓰고, 읽고, 계산이 가능한 관료를 양성해 전 세계에 보내기 위해 학교를 세웠습니다. 이 능력은 컴퓨터가 나온 이후 쓸모가 없어졌어요. 교육 시스템이 무너졌다고들 하는데, 아닙니다. 오히려 공고합니다. 교육의 근본은 무엇이든 스스로 배울 수 있는 능력을 길러 주는 것입니다."

수가타 미트라 교수는 지금 당장 새로운 교육 방법을 설계할 것을 제안한다. 아이들의 호기심과 함께 호흡할 수 있는 학교를 만들자는 것이다. 아이들은 스스로 배우는 것이 가능하며, 그 결과는 우리가 상상하는 것 이상이라 말한다.

미트라 교수는 다양한 실험을 통해 아이들은 그들 스스로 배움을 설계하여 거의 모든 것을 배울 수 있으며, 어른의 역할은 단지 그것을 격려하는 것이라는 결론을 얻을 수 있었다. 그는 이를 바탕으로 SOLE(Self-Organized Learning Environment; 자기조직학습환경) 개념을 정립하였다. SOLE은 전통적 교육 방식에 대한 대안으로, 학생들이 스스로 선정한 문제를 인터넷을 활용하여 친구들과 협조해 가면서 자율적으로 해결하는 학습 방식이다. 이때 선생님의 역할은 탑다운top-down 식의 가르침이 아닌, 격려와 지지를 통해 코칭을 해 주는 것이다.

SOLE 개념을 전 세계적으로 확산하고, 이에 대한 피드백을 받아 지속적으로 개선하기 위해 미트라 교수는 'SOLE Toolkit(툴킷)'을 개발하여 보급하고 있다. '자기조직학습환경Self Organized Learning Environment'을 시도해 보고 싶은 사람들을 위해 'SOLE Toolkit'에는 기본 개념, 설계 및 운영 방법, 문제 해결 팁, 우수 사례 등이 친절하게 담겨 있다.

SOLE은 다양한 배움이 동시에 일어나도록 북돋아 주는 시스템이라 할 수 있다. 전통적 교실에서 볼 수 있는 강의식 수업과 다른 점은 그날의 학습 목표가 없다는 것이다. 또 교사의 강의도 없다. 교사의 질문을 받은 학생들은 인터넷 등 다양한 도구를 활용하여 문제를 해결하기 위해 적극적으로 활동한다. 물론 중간에 동료와 상의하기도 하고, 다른 그룹의 활동을 참고하기도 한다. 교사는 주변을 돌아다니며 아이들이 충분히 자기 능력을 발휘하도록 도와주고 격려해 준다. 문제를 해결하는 데 있어 교사의 직접적인 개입은 자제한다. 활동이 끝나면 자신들이 해결한 것들을 발표하며 서로 배움을 공유한다.

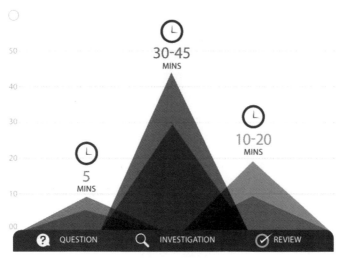

▲ SOLE 진행 과정 예시
Question(질문) → Investigation(탐구) → Review(복습)

(출처: SOLE Toolkit)

　SOLE을 구축할 때 가장 핵심은 '큰 질문Big Question'으로부터 시작하는 것이다. SOLE 과정은 크게 질문Question, 탐구Investigation, 복습Review의 세 부분으로 나뉜다.

　처음 5분은 탐구적 질문을 제기하는 것으로 시작한다. 예를 들어, "인간이 광합성을 할 수 있다면 어떤 이로운 점이 있을까?" 하는 질문을 던져 주는 것이다. 이 질문을 통해 학생들의 관심과 흥미를 일으킨 후에 약 40분 동안 학생들은 그룹 활동을 통해 질문에 대한 답을 찾는다. 이때 원활한 진행을 위하여 학생들 중에서 '도우미'를 정해 주고 선생님은 한 발짝 물러선다. 학생들의 문제 해결 활동을 결과물로 남겨 두는 것도 중요하다. 결과물은 노트, 사진, 인용구, 오디오 녹음 등을 통해 문서화하도록 한다.

마지막 10~20분은 학생들이 협동 활동으로 찾아낸 답을 공유하는 시간이다. 이때는 선생님이 개입하여 질문과 조사 과정에 대한 논의가 활발히 이루어질 수 있도록 도움을 줄 수 있다. 더불어 활동 과정과 결과에 대해 되짚어 볼 수 있도록 도와주는 것이 좋다.

앞에서 예로 든 SOLE 과정별 시간 배분은 절대적인 것이 아니다. 질문의 성격 및 상황에 따라 얼마든지 조정할 수 있다.

——
무엇이 좋은 질문을 만드는가?
——

큰 질문은 SOLE에서 가장 중요한 부분이라 할 수 있다. 아이들의 상상력과 호기심을 자극하기 위해서는 아이들의 흥미를 끌 수 있는 질문을 던져야 하기 때문이다. 그러므로 큰 질문을 발전시키는 것은 SOLE 시간을 진행하는 동안 가장 어려운 부분일 수 있다.

그렇지만 교사가 큰 질문을 만들고 제안하는 유일한 사람은 아니다. 큰 질문은 아이들이 무엇에 흥미를 두느냐에 따라서 달라질 수 있다. 교사가 생각해 온 질문이 그대로 채택되지 않을 수도 있는 것이다.

큰 질문은 쉬운 정답을 갖지 않는 질문들이다. 그러한 질문들은 종종 열려 있고 좀 모호할 수 있다. 심지어 답할 수 없기도 하다. 그 질문들의 목적은 깊이 있고 긴 대화들을 격려하는 것이지, 쉬운 정답을 찾는 것이 아니다.

그러한 질문들은 아이들로 하여금 이론을 제시하고 이성을 사용하도록 하며, 비판적으로 생각할 수 있도록 이끌어 준다. 협동 작업을 경험할 수 있게 도와주는 것은 물론이다.

큰 질문은 반드시 한 가지 이상의 주제 분야와 연결되도록 해야 한다. 예를 들어, "어떤 것을 곤충이라고 부를 수 있을까?"와 같은 질문은 곤충이라는 주제에만 한정되어 있기 때문에 좋은 질문이라고 할 수 없다. 이보다는 "만약 세상의 모든 곤충들이 사라진다면 지구에 어떤 일이 일어날까?"와 같은 질문을 하는 것이 좋다. 그래야 아이들이 좀 더 다양한 분야로 호기심을 넓혀 갈 수 있다.

이러한 큰 질문은 모호할 수도 있고, 정확할 수도 있고, 가벼울 수도 있고, 신랄할 수도 있다. 또한 아이들이 학교에서 배우고 있는 것들과 묶일 수 있거나, 그들의 일상 경험들로부터 올 수 있거나, 아니면 완전히 새로운 것들일 수 있다.

큰 질문은 연구, 토론, 비판적 사고를 격려하는 것들이어야 한다. 큰 질문은 정답을 얻는 일에 관한 것이 아니고, 정답을 찾는 데 필요한 방법들과 기술들을 배우는 일에 관한 것이기 때문이다.

몇 가지 질문들

큰 질문은 단순한 것에서 시작할 수 있다. 처음 시작하는 그룹을 위해서, 또는 탐색이나 언어 기술들에 한계가 있는 학생 그룹을 위해서 좁고 구체적인 질문들과 함께 시작하는 것도 좋다. 이러한 질문들은 탐색 기술을 향상시키고 아이들이 열린 질문에 준비가 되도록 새로운 작업 방법을 익힐 수 있게 해 준다.

아이들이 단순한 질문에 답하는 데에 익숙해지거나 탐색과 언어 구사 능력을 갖추게 되면, 교사는 즉각적인 답변을 요구하지 않는 다소 어려운 것들을 묻기 시작할 수 있다.

이러한 질문들은 아이들이 더 넓은 주제를 탐색하고 연결하도록 하며, 그들의 답변에 대해 더욱 깊이 있는 이해를 할 수 있도록 도와준다. 예컨대, "세계에서 가장 큰 동물은?"과 같은 질문에 익숙해지면 "왜 푸른 고래보다 더 큰 동물은 없는가?"와 같은 질문으로 나아갈 수 있는 것이다.

선생님은 또한 더욱 철학적인 질문을 하거나, 한 국가나 지역에 대해 더 구체적인 질문들을 할 수 있다. 큰 질문이 생각을 고무시키고 학생들의 집중을 일으킬 수만 있다면, 그 어떤 질문이라도 상관없다.

〈몇 가지 질문 예시〉

- 지구의 생명체는 언제까지나 지속 가능한가?
- 로봇들이 생각할 수 있게 될까?

- 왜 사람들은 땅바닥이 젖으면 미끄러질까?

- 내가 슬플 때 나의 눈은 어떻게 내가 우는 것을 알까?

- 영(zero)보다 작은 수는 무엇인가?

- 지금 우리의 바다에 무엇이 가장 큰 위협인가?

- 음악은 어떻게 생겨났을까?

- 두뇌(brain)란 무엇인가?

- 알파벳은 누가 만들었는가?

학습은 창발적인 현상이다

"자기구조화시스템이란 외부의 직접적인 간섭 없이 구조가 나타나는 시스템을 일컫는 말입니다. 자기구조화시스템은 언제나 창발 현상을 보이는데, 이것은 어떤 시스템이 원래 설계에는 없던 무언가를 하기 시작하는 것을 의미합니다. 교육은 자기구조화시스템이고 학습은 창발적인 현상입니다."

생명체처럼 구성 요소(단백질)가 개별적으로 갖지 못한 특성이나 행동이 구성 요소를 함께 모아 놓은 전체 구조(유기체)에서 자발적으로 돌연히 출현하는 현상을 '창발(創發, emergence)'이라 한다.

창발성은 모든 복잡계가 보여 주는 특성이다. 가령, 흰개미들은 집을 지을 만한 지능이 없지만 그 집합체는 역할이 다른 개미들의 상호 작용을 통해 거대한 탑을 세운다. 복잡계에서 하위 수준(구성 요소)에는 없는 특성이 상위 수준(전체 구조)에서 창발하는 것은 자기조직화 selforganization 능력 때문이다.

모든 생명체는 환경의 변화에 따라 자기의 구성 요소와 주위 환경을 재조직하면서 능동적으로 적응해 간다. 《혼돈으로부터의 질서》의 저자로, 우리에게 잘 알려진 과학자이며 사상가인 프리고진 Ilya Prigogine 은 "물질과 에너지의 출입이 가능한 열린계가 평형에서 멀리 떨어져 있으면 미시적 요동의 결과로, 무질서하게 흐트러져 있는 주위에서 에너지를 흡수하여 엔트로피(물질을 구성하는 입자의 배열이나 질서의 정도)를 오히려 감소(무산)시키면서 거시적으로 안정된 새로운 구조가 출현할 수 있음"을 정교한 수학적 접근으로 밝혀냈다. 그리고 그렇게 생성된 새로운 구조를 '무산구조(霧散構造, Dissipative Structure)'라 하고, 그것이 자발적으로 나타나게 된다는 뜻에서 '자기조직화'라고 한다.

이러한 자기조직화와 창발은 자연계에서 끊임없이 일어나고 있는 현상이며, 가장 자연스러운 변화의 과정이다. 자연이 이럴진대, 아이들이 그 능력을 갖추지 못하였을 리 만무하다. 문제는 어른들이 그러한 사실을 받아들이지 못하고 의심하는 것이다. 아이들이 주어진 것들을 수동적으로 받아들이고 수용하는 방식으로 교육해야 온전해질수 있다는 믿음은 더 이상 21세기 아이들에게는 걸맞지 않는다.

아이들은 가르침이 없어도 자신의 호기심과 탐구심을 바탕으로 대상과 대화하며 궁금증을 풀어 가며, 그 과정에서 상호작용을 통해 배움을 조직화해 나갈 수 있다. 수가타 미트라 교수의 새로운 수업에 대한 제안도 이러한 자기조직화의 과정을 반영한 것이다. 그리고 전 세계에서 동시다발로 일어나고 있는 칸 아카데미와 거꾸로 교실Flipped Classroom, 온라인 스쿨 등의 확산은 새로운 시대에 걸맞은 새로운 교육의 창발이다.

거꾸로 공부 포인트

❶ 학습은 창발이다.
❷ 함께 배움을 나눌 때 아이들의 지적 능력은 개발되고, 능동적이고 창의적인 배움을 할 수 있다.

교육은 스스로 배우는
능력을 길러 주는 것

**자신이 알지 못하는 것도
가르칠 수 있다**

1818년 벨기에 루뱅대학 불문학 담당 교수가 된 조제프 자코토(Joseph Jacoto, 1770~1840)는 새로운 지적 모험에 도전하였다.

그는 원래 벨기에 사람이 아니라 프랑스의 디종에서 태어난 프랑스인이었다. 그의 삶은 매우 파란만장하였다. 자코토의 아버지는 푸줏간의 주인이었고 나중에 목공소에서 일을 하였다. 가정 형편이 어려웠지만 자코토는 외할아버지와 사촌형의 도움으로 학업을 계속할 수 있었다. 어렸을 때부터 학업에 두각을 나타냈던 그는 9살에 초등 과정을, 14살에 중등 과정을 마쳤다. 그리고 그 나이에 중학교에서 수사학을 강의하는 대리 교사가 되어 아이들을 가르치게 되었다.

1789년 디종 대학에서 법학학사를 받고 변호사가 되었는데, 그때 그의 나이는 19살이었다. 디종 중학교에서 인문학 교사 생활을 하다가 1792년 공화국 군대에 포병으로 자원입대하였다. 그 후에 화약국 교관, 전쟁부 사무국장 등을 역임하였다. 디종으로 돌아온 뒤에는 디종 고등학교에서 이데올로기, 고대 언어, 수학 등을 가르치고, 디종 대학에서 법, 순수수학 등을 가르쳤다.

1815년에는 마을 사람들의 존경에 힘입어 디종의 국회의원이 되기도 하였다. 하지만 나폴레옹의 '백일천하'가 무너지고 부르봉 왕가가 복귀하자, 그는 네덜란드의 지배하에 있던 벨기에의 브뤼셀로 망명하였다. 그곳에서 개인 교습을 하며 생활하던 그에게 1818년 루뱅 대학에서 프랑스어 교수 자리를 제안하였다. 그는 루뱅 대학에서 프랑스어를 강의하면서 이제까지와는 다른 새로운 교육 방법을 만들어 가르쳤다.

자코토는 오랫동안 가르치는 일을 해 왔으며 능력 또한 인정받았다. 당시 유럽은 18세기부터 교육 방법에 대한 많은 논의가 진행되었다. 19세기 들어 주입식 교육 방법보다는 학생들의 감성과 개성을 중시하는 방향으로의 논의가 활발하게 일어났으며, 교사와 학생 사이의 소통의 중요성을 강조하는 낭만주의적 교육에 대한 관심이 커 나가던 시기였다.

한편, 프랑스 대혁명 이후 프랑스에는 아이가 자발적으로 혼자 생각하고 자기 안의 선한 본성을 꺼낼 수 있도록 교사나 어른의 개입을 최소화해야 한다는 루소의 교육 사상이 널리 퍼지고 있었다.

자코토 역시 이러한 시대적 조류에 동의하면서 자기 나름대로의 교육법을 연구하고 있었다. 그러던 중 루뱅 대학에서의 경험은 그의 교육 철학을 확고히 하고 새로운 교육법을 완성하는 결정적 계기가 되었다.

루뱅 대학은 자코토에게 프랑스어 강의를 의뢰하였다. 하지만 학생들과 자코토 사이에는 두터운 장벽이 존재하였으니 바로 '언어'였다. 프랑스인이던 자코토는 네덜란드어를 몰랐고, 네덜란드의 지배를 받던 벨기에의 학생들은 프랑스어를 할 줄 몰랐다. 자코토가 학생들에게 프랑스어에 대해 설명할 수 있는 방법이 전혀 없었다.

자코토가 어떻게 프랑스어를 가르칠 것인가에 대해서 한참 고심하고 있던 때에, 네덜란드의 한 출판사에서 프랑스 작가 페늘롱의《텔레마코스의 모험》프랑스어-네덜란드어 대역판이 출간되었음을 알게 되었다. 이 책은 오디세우스의 아들 텔레마코스가 그의 스승과 함께 여행을 다니면서 정치와 도덕을 배우는 내용으로, 유럽 여러 나라에서 출간되어 베스트셀러가 되었다.

자코토는 이 책을 교재로 사용하기로 마음먹었다. 그는 학생들에게 책을 건네주면서 통역자를 통해 네덜란드어 번역문을 보면서 프랑스어 원본을 익혀 나갈 것이라고 전하였다.

첫 수업이 시작되었고, 자코토는《텔레마코스의 모험》을 펼친 뒤

첫 구절을 자신이 읽고 학생들에게 따라 읽게 하였다. 그러고 나서 그것을 외우도록 하였다.

"Calypso ne pouvait se consoler du depart d'Ulysse."
칼립소는 오디세우스가 떠난 것에 대해 스스로를 위로할 수 없었다.

자코토는 첫 문장의 단어 하나하나를 반복해서 따라 읽고 외우게 하였다. 맨 처음에는 Calypso를, 그다음에는 Calypso ne를 읽고 외우게 하였다. 학생들은 문장 순서대로 단어를 하나하나 읽고 외우기 시작하였다. 이렇게 발음을 가르치면서 번역된 네덜란드어를 통해 내용을 이해하도록 하였다.

Calypso-

Calypso ne-

Calypso ne pouvait-

Calypso ne pouvait se-

Calypso ne pouvait se consoler-

Calypso ne pouvait se consoler du-

Calypso ne pouvait se consoler du depart-

Calypso ne pouvait se consoler du depart d'Ulysse.

자코토는 학생들이 첫 문장의 모든 단어를 암기하였다고 판단한 뒤 그 문장을 직접 써 보게 하였다. 그리고 철자와 단어의 위치가 맞는지 확인하도록 하였다. 학생들이 문장을 정확하게 익히는 것이 무엇보다 중요하였다. 수많은 반복을 통해 정확하게 문장을 암기하면 학생들이 프랑스어를 쓰는 법과 읽는 법을 동시에 익힐 수 있을 거라 생각한 것이다.

그는 이 과정을 매일 반복하면서 이해하는 양을 늘리고 외우는 문장도 늘려 나갔다. 자코토는 학생들이 제1장의 절반 정도를 외우고 이해하게 되었을 때, 나머지 부분은 스스로 읽으면서 이해하도록 하였다.

사실 그는 이 실험에 그리 큰 기대를 하지 않았다. 그가 학생들에게 읽은 책에 관하여 이해한 내용을 프랑스어로 써 보라고 시켰을 때, 끔찍할 만큼의 부정확한 어구들로 가득 찬 리포트를 예상하였다. 하지만 결과는 달랐다. 학생들은 프랑스어의 문법과 철자법을 거의 완벽하게 지키면서 문장을 써 내려갔다. 자코토가 프랑스어의 철자나 동사 변화 등 기본적인 문법을 그 어느 것 하나 설명해 주지 않았는데도 말이다. 설명하지 않은 것이 아니라 설명할 수 없었다고 하는 것이 더 정확한 표현일 것이다.

이 과정을 통해 자코토는, 교육에서 교사가 설명을 하고 가르치는 행위가 꼭 필요한 것은 아니라는 것을 깨닫는다. 이러한 깨달음을 바탕으로 그는 '보편적 가르침Enseignement Universel '이라는 교육법을 개발하였 다. 보편적 가르침은 다음 세 가지 원리로 구성되어 있다.

첫 번째, "모든 인간은 동등한 지적 능력을 가지고 있다."
두 번째, "자신이 알지 못하는 것도 가르칠 수 있다."
세 번째, "모든 것은 모든 것 안에 있다(전체는 개별적인 것 안에 있다)."

교사나 학생 간의 지적 능력은 차이가 없으며, 하나를 완벽하게 배우면 학생은 자신이 아는 것을 연결시켜 가며 새로운 것을 배워 나갈 수 있다. 그렇기 때문에 가르치는 사람이 반드시 그 분야에 대한 지식을 학생보다 더 많이 가지고 있을 필요가 없다는 것이다.

이 교육법은 교사의 설명이 필요 없기 때문에 자신이 지도할 과목의 내용을 몰라도 된다. 실제로 그는 자신의 전공과는 거리가 먼 회화나 피아노 같은 것을 가르치기도 하였고, 자신은 말할 줄도 모르는 네덜란드어로 변론하는 법을 가르치기도 하였다. 그는 학생들이 스스로 공부할 수 있도록 격려하고 지켜볼 뿐이었다.

이렇게 자코토는 특별히 무언가를 가르쳐 주지 않았지만 학생들 사이에서 소문이 나기 시작하였고, 자코토의 강의를 듣기 위해 학생들이 구름같이 몰려들었다. 루뱅의 여러 학교에서 그의 수업 방식을 따라 하기도 하였고, 네덜란드 국왕의 지시로 네덜란드 학자가 직접 그의 수업을 참관하기도 하였다. 수업을 관찰한 학자는 보고서에서 "자코토 교수의 교육법은 일반적인 교육법보다 훨씬 짧은 시간에 성과를 거둘 수 있는 방법이며, 모든 학문의 영역에서 사용될 수 있는 방법"이라고 평가하였다.

네덜란드 국왕은 자코토에게 국가 훈장을 수여하였다. 얼마 후 그는 루뱅 군사 사범 학교에서 네덜란드 군 장교들을 그가 완성한 '보편적 가르침'의 방법으로 가르쳤고, 장교들을 훌륭하게 양성해 냈다. 하지만 기존의 교육법을 멀리해야 한다는 그의 주장은 다른 교육자들의 강한 반발을 불러 일으켰고, 결국 루뱅 군사 사범 학교를 떠나게 되었다.

그의 교육법은 유럽 각국에 널리 알려지게 되었고, 많은 학자와 관료들이 그의 '보편적 가르침'을 배우기 위해서 그를 찾아왔다. 그러나 그는 자신의 교육법이 제도권 안에 정착하기 어렵다는 것을 알고 있었다.

1830년 프랑스로 돌아온 자코토는 가난하고 교육 혜택을 받지 못한 사람들을 대상으로 그의 교육법을 실천하였다. 그의 교육법은 프랑스에서도 격렬한 논쟁을 일으켰고, 많은 반대에 부딪혔다. 그리고 1840년 그가 세상을 떠나면서 그의 교육법도 잊혀 갔다.

만약 그때 지금과 같은 인터넷이 있었다면, 그의 교육법은 '칸 아카데미'나 '거꾸로 교실'처럼 전 세계적인 반향을 일으키고 급속도로 퍼져 나갔을 것이다.

자코토의 학생들은 선생님의 직접적 설명 없이 혼자 힘으로 프랑스어를 익혔다. 관찰하기, 기억에 담아두기, 되풀이하기, 검증하기, 알려고 하는 것과 이미 아는 것을 연관시키기, 행하기, 행한 것에 대해 다시 생각해 보기 등을 통해 매일 조금씩 전진해 나갔다. 학생들은 모국어를 배우는 아기들처럼 수수께끼를 풀 듯 더듬거리며 조심조심 앞으로 나아갔다.

사실 아이가 모국어를 배우는 과정을 살펴보면 이러한 교육의 아이러니한 모습을 발견할 수 있다. 지역이나 성별, 사회적 조건이나 피부색에 상관없이 모든 아이들이 가장 잘 배우는 것이 모국어이다. 아이들은 설명해 주는 스승 없이 주위에서 사람들이 말하는 것을 잘 듣고 또 따라하는 방법만으로 모국어를 익힌다. 학원이나 과외 지도를 받아서 언어를 익히는 아이는 없다. 사실 엄마도 자녀에게 언어를 설명하면서 가르치지는 않는다. 모든 사람은 참으로 탁월하게도 스스로 모국어를 훌륭하게 배우고 익힌다. 그런데 어느 정도의 나이가 되면 교사로부터 '지도'를 받기 시작한다. 마치 지금까지 그가 모국어를 배우는 데 쓰던 지능으로는 더 이상 아무것도 배울 수 없다는 듯이.

능동적 배움에 대한 자코토의 발견을 현재 시점에서 다시 한 번 증명해 낸 사례가 바로 수가타 미트라의 위대한 교육 실험이다. 자코토의 실험과 차이가 있다면 인간은 스스로 배울 수 있을 뿐 아니라, 친구와 협력하며 배울 때 더 잘 배운다는 점을 확인하였다는 것이다. 자코토가 개인의 지적 능력은 평등하며 무한하다는 개별성에 집중하였다면, 수가타 미트라는 집단 내의 상호 작용을 통한 집단 지성의 창발에 더 큰 주안점을 둔 것이 다르다고 할 수 있다.

창의적이고 자기주도적인 배움이 요구되는 시대적 요청에 적합한 방식으로 교육 방식이 바뀌어야 한다는 주장은 끊임없이 제기되고 있지만, 교실과 가정에서는 아직도 전통적인 시스템이 가동되고 있다. 하지만 머지않아 옛것은 새것으로 교체될 것이다.

문제는 우리가 스스로 배울 수 있는 인간 정신의 힘에 대한 믿음이 강하지 않다는 것이다. 우리 스스로 그러한 경험을 해 본 기억이 없어서일까? 가르치는 사람이나 배우는 사람이나 자율적 배움을 허용할 자신이 없다. 교사는 지식을 일방적으로 전달하기에 급급하고 학생들은 그저 꾸역꾸역 받아먹고 기계적으로 저장하기에 급급하다. 우리는 자율적 학습을 추구하기보다는 규율과 복종에 근거한 수동적 학습에 많은 부분 얽매여 있는 듯하다.

자크 랑시에르는 그의 책에서 자코토를 '무지한 스승'으로 묘사하고 있다. 미트라 교수의 요청으로 아이들에게 생명 공학을 가르쳤던 회계사 선생님을 생각나게 하는 대목이다. 그 회계사야말로 생명 공학에는 정말로 '무지한 스승'이었다. 하지만 누구보다도 훌륭하게 아이들을 지도하였다.

사실 자코토의 방식을 처음 접했을 때, 내가 아이들에게 코칭하는 방식과 너무 유사해서 매우 놀랐다. 나 역시 코칭하는 학생들에게 직접적으로 지식을 전달하는 방식을 멀리하고, 스스로 방법을 깨닫게 하거나 기본 원리와 지식을 익히도록 안내하는 방식으로 코칭을 하였다. 무슨 과목이든 지식 자체는 가르치지 않으면서 학생이 스스로 배워 나갈 수 있도록 한다는 원칙을 실천하였다.

읽을 수 있는 분량을 정해서 교과서를 천천히 반복하여 읽은 후 내용을 스스로 정리하고, 나에게 설명해 보도록 하였다. 나는 이렇게 지식과 개념에 대해서는 설명하지 않았고, 그저 듣고 반응을 보이며 궁금한 것은 학생에게 질문을 하였다. 아이 스스로 알 수 있고 배울 수 있다고 믿었기 때문에 자신의 속도로 배워 나가도록 도와주었다.

그 결과 매번 비슷한 방식으로 책의 일정 분량을 반복해서 읽고 쓰고 말하다 보면 저절로 공부 방법을 익히고 자신만의 공부 습관을 만드는 것을 볼 수 있었다. 수동적인 교육 방법에 익숙한 아이들은 모르는 것이 나올 때마다 나에게 질문을 하고는 했는데 그럴 때마다 "글쎄, 나도 잘 모르겠는데. 한 번 찾아볼래?" 또는 "같이 알아보자."라고 하면서 학생이 스스로 해결하도록 하였다.

이에 비추어 보면, 교사란 아이가 스스로 배울 수 있도록 지도하는 사람이라 할 수 있다. 그러므로 부모는 자녀를 옆에 끼고 수학 문제 하나를 더 풀어 주려고 노력해서는 안 된다. 엄마가 설명을 하려고 하면 할수록, 즉 가르침에 대한 엄마의 의욕이 강하면 강할수록 아이는 배움을 거부할 테니까.

한 아이가 초등학교에 들어갔다. 부모는 자녀를 잘 가르쳐 보기로 마음먹고 매일 열심히 공부를 시켰다. 함께 문제집을 풀고 설명도 자세히 해 주었다. 그런데 그렇게 열심히 가르칠수록 아이는 반대로 학습 의욕이 떨어졌다. 자녀와의 사이도 나빠졌다. 그래서 부모가 어떻게 하면 좋겠냐며 나에게 상의를 해 왔다.

나는 지금까지 하던 방식을 거꾸로 뒤집어서, 아이를 가르치지 말고 아이한테 배우라고 조언하였다. 아이가 선생님이 되고, 부모가 학생이 되어 역할을 바꿔 보라고 하였다. 아이가 선생님이 되어 그날 학교에서 배운 내용을 부모님께 설명하게 한 것이다. 아이가 설명을 잘하지 못할 때는 "책을 보고 다시 설명해 주세요. 제가 조금 이해가 안되네요, 선생님."이라고 하고, 절대 무안을 주거나 혼내지 말라고 하였다.

상담을 요청하였던 부모는 조언한 내용을 그대로 실천하였고, 얼마 지나지 않아 아이의 태도가 적극적으로 바뀌면서 능동적으로 설명하고 내용에 대한 이해도가 올라갔다고 전해 왔다. 또 집에 와서 학생(부모님)을 가르쳐야 하기 때문에 학교 수업도 집중해서 들어서 더 이상 혼낼 일도 없어졌다며, 그동안 자신이 열심히 가르친 것이 오히려 독이 된 것 같다고 하였다.

이처럼 아이들은 배움이 일어날 수 있는 환경을 만들어 주면 스스로 배움을 일으킨다. 가정과 교실에서 가르침의 방식을 거꾸로 뒤집으면 아이들에게 배움이 충분히 일어날 수 있다.

거꾸로 공부 포인트

❶ 교육은 스스로 배우는 능력을 길러주는 것이다.

❷ 학생에게 자신의 고유한 지능을 쓰도록 하면, 직접적인 가르침 없이도 우리가 모르는 것을 가르칠 수 있다.

나도 너와 함께 갈게

▼●◀

미트라 교수는 SOLE 수업이 효과를 거두기 위해 필요한 열쇠는 끊임없이 '호기심'을 자극하는 것이라고 하였다. 그렇게만 된다면 아이들은 난관을 잘 극복해 간다는 것이다. 미트라 교수의 교육 실험에 함께 하였던 브렛 밀런이 그에게 보낸 편지를 보면 이를 더 잘 이해할 수 있다.

"저는 다른 교장 선생님과 5학년 학급 두 곳에서 해당 교수법을 적용하였는데 놀라운 결과를 얻었습니다.

학생들은 흑사병의 원인과 결과, 그것이 낳은 사회 변화를 조사하였는데, 아이들은 아주 짧은 시간에 엄청난 양의 내용을 알아냈습니다. 아이들은 협동하는 법에 대해서도 배웠습니다. 우리가 한 일이라곤 질문을 던지고 아이들이 인터넷에서 정보를 알아내 화이트 보드에 적어서 서로 알려 줄 수 있게 마커펜을 나누어 준 것뿐입니다.

아이들은 수업이 끝났는데도 계속 토론하고 싶어하였고, 집에 가서 연구를 계속한 아이도 있었습니다. 아이들은 자신이 똑똑하고 영리해지고 있다고 믿었습니다. 또 과제의 어려움을 즐기고 자유로움을 느낀다고 표현하였습니다."

브렛은 아이들에게 질문을 던지고, 아이들끼리 자료를 찾고 대화하게 하였으며, 그것을 정리하게 하였다. 교사의 역할은 그것이 다였다. 이 실험을 통해 브렛은 호기심과 학생 참여를 두 개념으로 여기고 있던 교사들의 생각이 바뀌는 계기가 되었다고 전하였다.

브렛과 함께 SOLE 수업을 진행한 폴 교장의 편지에도 비슷한 내용이 있었다.

"학생들에게 스스로 학습할 수 있는 여지를 주면서도 전문적인 평가 수준을 유지하려면 어떻게 해야 할까? 우리는 이 문제를 해결할 방법을 탐구하기 시작하였습니다.

우리는 교실마다 '호기심의 벽'을 설치하고 교과 내용을 탐구하게 합니다. 큰 질문을 던지고 관심을 끌 만한 세부 내용을 제시해서 학생들의 궁금증을 자극합니다. 이것은 교과 내용을 창의적으로 전달하고 호기심을 강화하는 방법입니다. 예를 들어, '동물원'과 같은 무미건조한 주제가 '동물은 우리 안에서 살아야 할까?'와 같은 질문으로 바뀌었습니다.

우리는 학생들의 질문을 비슷한 것끼리 묶고 분류해서 조를 짜 주고 있습니다. 그러면 아이들은 자기 조 친구들과 서로 도우며 조사하고, 함께 토론하며 알아낸 것을 각자 또는 조별로 보고서를 쓰거나 발표합니다.

학생들은 자신이 품은 의문에 근거하여 관심사를 따라가거나 스스로 탐구해 나가는데, 그 모습을 보는 것은 매우 흥미롭습니다. 학생들의 관심사가 어떻게 흘러가는지 보는 것은 재미있고 흥미진진합니다. 만약 학습의 방향을 통제할 권한이 교사에게 있었다면, 아이들의 열의와 참여도와 학습 방향의 양상은 분명 달라졌을 것입니다. 그런데 정보를 찾기 위해 협동하고 '배움의 여정'을 지속하는 '연구'가 교과 과정 안에서 이루어지게 하기란 어렵고 힘든 일입니다.

우리는 각 팀의 교사들끼리 서로 수업을 관찰하여 피드백하게 합니다. 이를 통해 실제로 다양한 교수 전략을 개발하고, 많은 교사가 여전히 의무적으로 꼭 쥐고 있어야 한다고 생각하는 통제권을 손에서 놓는 계기가 마련될 것입니다."

브렛이 교사들에게 제시하는 '연구 지침'을 보면, 그가 SOLE 수업에서 중요시하는 것이 무엇인지 알 수 있다. 몇 가지만 살펴보자.

• 나는 학생들에게 무엇을 하게 될지가 아니라 무엇을 배우게 될지를 알려 준다.

- 나는 학생들에게 학습 목적과 성취 기준을 바탕으로 피드백을 준다.
- 나는 평점만 매기거나 정답만 체크해 주는 식의 피드백을 피하려고 한다.
- 나는 학생들에게 주는 피드백에 그들의 성취에 대한 인정과 개선 방안에 관한 조언을 포함한다.
- 나는 학생들에게 '기다리는 시간'과 '생각하는 시간'을 준다.
- 나는 폐쇄형이 아니라 개방형 질문을 한다.
- 나는 학생들에게 질문함으로써 얻은 정보를 교육 프로그램을 만드는 데 활용한다.
- 나는 학습 목적과 성취 기준에 바탕을 둔 동료 평가를 장려하며, 우호적이고 서로를 격려하는 분위기 속에서 동료 평가를 주고받을 기회를 제공한다.
- 나는 학생들의 자가 진단과 자기 평가를 장려한다.

미트라 교수는 아이들이 관심사에 따라 스스로 방향을 정하게 한다는 브렛의 의견을 보면서 SOLE 수업에서 교사의 역할에 대해 다시 정의하게 된다.

"네가 그리로 간다면, 나도 너와 함께 갈게You go there; I will go with you."

이러한 정의는 전통적인 교실에서의 교사 역할과는 확연하게 구분된다. SOLE 수업에서는 이해가 집단적으로 일어나며, 그것은 교사의 가르침에 의해서가 아니라 친구들과의 교류와 소통에 의해서이다. 그러므로 아이들의 교사는 친구이거나 인터넷이 될 수 있다. 그렇다고 해서 교사의 역할이 축소되거나 폄하될 수는 없다.

교사는 적절한 질문을 통해 아이들의 호기심을 불러일으켜 수업에 집중할 수 있게 해야 한다. 미트라 교수는 10대 아이들과 SOLE 수업을 진행하면서 청소년기에 접어든 아이들은 더 어린아이들이 흥미를 느끼는 주제와 완전히 차원이 다른 질문이 주어져야 몰입하게 된다는 것을 알게 되었다. 청소년은 도전·실용주의·반항을 좋아하며, 사회적 규범과 선입견에 도전하기를 좋아하기 때문에, SOLE 수업에서는 이러한 청소년들의 성향을 고려하여 질문을 만들어야 한다고 강조한다.

미트라 교수는 '① SOLE에서 상호 작용이 일어나야 하고, ② 감독자가 없어야 하며, ③ 아이들이 스스로 무리를 이루어야 한다'는 요건을 충족해야 한다고 하였는데, 교사의 역할은 바로 이러한 환경을 만들어 주는 데 있다고 할 수 있다. 따라서 교사의 역할은 전통적인 교실에서 가르치는 것보다 훨씬 더 고도화되고 어려워졌다고 볼 수 있는 것이다.

미트라 교수는 1999년 '벽 속의 구멍' 실험을 시작으로 하여 2013년까지 SOLE 수업을 통해 알게 된 것을 정리하여 발표하였는데, 다음과 같다.

- 자신과 관련된 주제는 아이들의 학습 의욕을 고취한다.
- 교사나 멘토의 격려가 성과를 높인다.

- 아이들은 스스로 집단을 형성하고 집단이 진화하는 가운데 배울 수 있다.
- SOLE은 모든 어린이에게 (기울어진 운동장이 아니라) 평평한 운동장을 제공한다.
- SOLE에 참여한 아이들의 읽기 능력이 향상된다.

아이들이 무언가 몰두해서 하고 있을 때는 함부로 수업을 중단해서는 안 된다. 또 아이들은 잘못된 결론을 얻을 수도 있다. 그럴 때 그 자리에서 오류를 지적하는 것은 별로 도움이 되지 않는다. 아이들 스스로 실수나 오류를 발견하고 고칠 수 있어야 한다. 실제로 아이들은 SOLE 시간에 토론과 질문을 통해 오류를 수정하고는 하였다. 미트라 교수는 이것을 '자기수정self-correction'이라고 한다.

SOLE 수업에서 교사는 안내자라기보다는 친구에 가깝다. 아이들이 어디로 갈지 교사도 알 수 없기 때문이다. 교사들이 자기조직적 학습 환경에서 어떤 역할을 해야 하는지 미트라 교수에게 물으면 그는 이렇게 답하고는 한다.

"네가 그리로 간다면, 나도 너와 함께 갈게."

거꾸로 공부 포인트

❶ 자신과 관련된 주제는 아이들의 학습 의욕을 고취한다.

❷ 교사나 멘토의 격려가 성과를 높인다.

❸ 교사의 역할은 아이가 가고자 하는 곳으로 함께 가는 것이다.

2

세상에서 가장 큰 학교,
칸 아카데미

전 세계 어디서도 배울 수 있는 학교

세상을 바꿀
아이디어

2010년 빌 게이츠는 아스펜 아이디어 축제(미국에 본부를 둔 아스펜 연구소가 해마다 개최하는 명사들의 강연 축제)의 무대에 올라 칸 아카데미khan Academy에 대한 애정을 공개적으로 드러냈다. 그는 10대인 아들 로리와 함께 매일 동영상 수업을 듣는다고 말하며, "이 동영상들은 믿을 수 없을 정도로 대단하다."라고 극찬하였다. 칸 아카데미는 빌 게이츠뿐 아니라 미국의 많은 오피니언 리더들도 찾아 듣는 강의로 유명하다.

지난 2008년 미국의 경제 위기 당시 수많은 경제 전문 기자나 투자 분석가들은 살만 칸의 경제 강의를 들으며 복잡한 상황을 명쾌하게 정리할 수 있었다. 이와 같은 호평이 이어지자 CNN에서는 어려운 경제 용어와 현상을 쉽게 설명하기 위해 살만 칸에게 15분간 생중계 강의를 의뢰하기도 하였다.

2011년 5월 빌 게이츠는 암으로 투병 중인 스티브 잡스를 방문하였고, 그들은 3시간 정도 담소를 나누었다. 잡스가 교육에 대해 몇 가지 질문을 던지자, 게이츠는 자신이 생각하는 미래의 교실에 대해 말하였다. 그는 학생들은 혼자서 강의 동영상으로 수업을 듣게 되고, 교실 수업은 토론과 다양한 문제해결을 위한 자리가 될 것이라고 하였다. 두 사람은 컴퓨터가 미디어나 의료 등 사회 다른 영역에 미친 영향에 비해, 학교에 미친 영향은 아직까지도 매우 미미하다는 데 공감하였다. 그리고 그러한 점을 개선하기 위해서 게이츠는 컴퓨터와 모바일 기기들이 개인 맞춤형 교육을 제공하고 교사는 피드백을 통해 동기를 부여하는 것에 주력해야 한다고 말하였다.

빌 게이츠가 말하였던 미래 교실의 모습은 이미 현실이 되고 있다. 칸 아카데미에서는 온라인의 특성인 개방성과 개인 맞춤형 시스템을 최대한 활용하고 있기 때문이다.

칸 아카데미는 인도 출신 미국인 살만 칸Salman Khan 또는 Sal Khan이 설립한 비영리 교육 단체이다. 헤지 펀드 애널리스트였던 칸은 학교 수업을 제대로 따라가지 못하는 조카를 위해 인터넷에 수학 강의를 올리기 시작하였다. 처음에는 조카들만을 위해 강의 동영상을 업로드하였는데, 예상치 않은 놀라운 반응이 잇따랐다. 세계 각지에서 "편리하고 쉬운 강의가 도움이 되었다."라는 내용의 댓글이 수없이 올라온 것이다. 잠깐 사이에 칸의 동영상들은 인기 콘텐츠로 떠올랐다. 이에 힘을 얻은 칸은 2006년, 조카와 비슷한 처지에 놓인 전 세계 학생들이 수업을 들을 수 있도록 동영상 교육 업체 칸 아카데미를 세웠다.

칸 아카데미는 창립 초기에 자금난을 겪었으나 빌 게이츠의 후원을 받기 시작하면서 본격적인 궤도에 올랐다. 빌 게이츠는 자신의 자녀들도 칸의 동영상에 도움을 받았다며 지속적인 투자를 약속하였다. 이후 구글의 '세상을 바꿀 다섯 가지 아이디어' 중 하나로 선정되며 200만 달러의 후원금과 기술 지원을 받았다. 덕분에 수학 이외에 과학, 경제학, 예술, 컴퓨팅, 역사학 등 모든 분야에 지속적으로 교육 콘텐츠를 올렸고, 명실공히 세계인을 위한 공짜 학교로 자리매김하였다.

칸 아카데미 강의는 공식 홈페이지와 유튜브를 통해 무료로 시청할 수 있는데, 약 18,000여 개의 강의 동영상을 제공하고 있으며, 유튜브 채널 '칸 아카데미' 구독자는 750만 명을 넘어섰다. 강의 내용은 초·중·고교 수준의 수학, 화학, 물리학부터 컴퓨터 공학, 금융, 역사, 예술까지 다양하다.

다른 무크(MOOC; Massive Open Online Course. 수강자 수의 제한이 없는 대규모 강의로, 수강료를 받지 않고 인터넷으로 제공되는 교육 과정이다. 2012년 미국에서 시작되어 영국·프랑스·독일·중국·한국 등으로 확산되었다.) 사이트와 달리, 칸 아카데미는 수업을 들었다는 인증서를 따로 발급해 주지는 않는다. 대신 공식 홈페이지에서 특정 수업을 듣거나, 미션을 달성할 때마다 '배지'가 하나씩 쌓인다. 칸 아카데미에서는 이 배지가 곧 인증서이다.

**어디에서나, 누구나
세계 최고 수준의
교육을 받게 하자**

칸 아카데미는 "전 세계 어디에서나, 누구나 세계 최고 수준의 교육을 받게 하자"는 목표로 운영 중이다. 미국을 비롯한 여러 나라에서 칸 아카데미를 실제 교육 과정에 적용하는 실험이 한창이다. 2만여 개의 미국 학급에서 교육 자료로 사용되고 있고, 홈스쿨링 교재로도 환영 받고 있다. 따라서 칸 아카데미의 동영상을 교육 자료로 활용하게 되면, 교사는 단순한 지식 전달자의 의무를 벗어던지고 피드백을 통한 동기 강화에 좀 더 초점을 맞출 수 있게 된다. 빌 게이츠가 잡스에게 말하였던 대로 수업을 진행할 수 있게 된 것이다.

살만 칸은 자신의 책에서 현재 교육의 문제점을 지적하고 새로운 대안을 마련할 것을 주장한다.

"우리가 당연시하며 얽매여 있는 엄격한 격식, 즉 수업 일(日)과 학년의 길이, 하루를 수업 시간으로 나누고 지식 분야를 '과목'으로 자른 것들은 어디서 비롯되었을까? …… 프러시아에서 우리의 기본적 교실 모델이 만들어졌다. 애초에 공교육은 독립적으로 생각할 줄 아는 사람을 키우기 위해서가 아니라 부모와 교사, 교회, 그리고 궁극적으로는 왕의 권위에 굴복하는 가치를 배워 충성스럽고 다루기 쉬운 시민들을 대량으로 만들어 내기 위해 도입되었다.

구식(舊式) 교육 모델은 우리의 변화하는 요구에 더 이상 맞지 않는다. 구식 모델은 완전히 수동적인 학습 방식이며, 세상은 점점 더 '능동적인' 정보처리 방식을 요구한다. 구식 모델은 학생들을 나이별로 무리를 지어 모두 같은 보조를 맞추는 커리큘럼에 밀어 넣고 그 과정에서 학생들이 뭔가 얻기를 바란다. 백 년 전에는 그게 가장 좋은 모델이었는지 몰라도 지금은 분명 아니다."

그는 더는 구식 교육 모델을 따르지 말고 능동적인 수업 모델을 만들어야 함을 강조하는데, 이는 수가타 미트라의 주장과도 유사하다.

살만 칸의 교육 실험이 주목을 받는 까닭은 그가 교육 전문가가 아니라는 사실에도 불구하고 교육계에서 진행되었던 어떠한 시도보다도 더 혁명적이라는 점 때문이다. 학교 밖에서 학교 안의 변화를 이끌어 냈으며, 21세기 아이들을 위한 교육의 모델을 제시하였다는 점에서도 그렇다. 21세기, 산업의 가장 혁명적 변화라 할 수 있는 인터넷을 어떻게 학습과 결합하여 모순 없이 적용할 수 있는지 그 가능성도 충분히 보여 주었다. 마치 수가타 미트라와 살만 칸이 서로 약속이나 한 듯이 대륙의 건너편에서 서로 이심전심(以心傳心)으로 세계 교육의 공통 화두(話頭)를 타파해 나가고 있는 것 같다는 착각이 들 정도다.

살만 칸,
진정한 공부의 신이 되다

**평생의
라이벌이자 친구,
샨타누 신하를 만나다**

살만 칸이 멀리 사는 사촌에게 수학을 가르쳐 주기 위하여 인터넷에 강의 동영상을 올리다가, 점점 그 규모가 커지자 마침내 헤지 펀드의 애널리스트를 그만두고 칸 아카데미를 설립하게 되었다는 비하인드 스토리는 사람들에게 대략 알려져 있다. 하지만 칸 아카데미가 보여 주고 있는 혁신과 비전이 살만 칸의 어떤 경험과 고민에서 탄생하였는지 아는 사람은 그리 많지 않다. 과연 그는 어떤 사람이고, 어떤 경험들을 거쳐 칸 아카데미를 설립하게 되었을까?

살만 칸은 1976년 10월 11일, 미국에서도 가장 남부 지역에 속하는 루이지애나주의 뉴올리언스시 머태리Metairie에서 태어났다. 그의 아버지는 방글라데시 출신의 소아과 의사였는데, 미국의 의과 대학에서 연수 중이던 1972년 방글라데시로 돌아가 부모님이 정해 준 인도 태생의 칸의 어머니와 결혼을 하고 미국에 돌아와 정착하였다고 한다. 이렇게 이민 온 부모의 1세대로 태어난 칸은 늘 친척들과 가족들에 둘러싸여 생활하였으며, 가족의 가치에 감사하며 헌신하는 태도를 가질 수 있었다.

어린 시절 살Sal 의 꿈은 교육 혁명가와는 거리가 멀었다. 수학에 남다른 재능을 보였던 그는 리처드 파인만 같은 물리학자를 꿈꾸었다. 그런데 살은 10학년 때 자신을 둘러싼 학교 교육에 의문을 갖게 되는 경험을 하였다. 이는 라이벌이자 일생의 친구가 된 샨타누 신하 Shantanu Sinha 와의 만남에서 비롯되었다.

샨타누 신하는 나중에 칸 아카데미 회장을 맡았는데, 이들은 지역 수학 경시대회에서 처음 조우하게 된다. 어린 시절부터 지역의 유명한 수학 영재였던 샨타누는 결승전에서 살을 가볍게 이겨 버린다. 그러나 그를 진짜로 놀라게 한 것은 샨타누의 천재성이 아니라, 자신과 동일한 학년인 그가 12학년 과정인 미적분학을 막 배우기 시작하였다는 점이었다. 당시에 살은 이미 개념을 익혀 잘 알고 있는 대수학Ⅱ를 지루하게 공부하고 있었는데, 샨타누는 시험을 통과하여 다음 레벨의 수학을 배우고 있다는 것을 알게 된 것이다. 살은 샨타누의 이야기를 듣고 그동안 느끼던 지루함과 답답함을 해결할 방법을 찾은 것

같아 서둘러서 학교로 돌아갔다.

살은 선생님을 찾아가 자신도 상급 수업을 듣게 해 달라고 제안하였다. 한참을 고민하던 선생님은 "만약에 너를 그렇게 하도록 허락하면 다른 친구들도 그렇게 해 줘야 하고, 그러면 혼란이 오지 않겠니?"라며 살의 요구를 들어줄 수 없음을 분명히 하였다. 하지만 살은 그대로 물러설 수가 없었다.

'내용을 이미 이해하고 있는데, 왜 교실에 앉아 다 아는 내용을 계속 듣고 있어야 할까? 다음 레벨을 배울 수 있는 준비가 충분한데 말이야.'

'자기 진도대로 공부할 수 있고, 자신의 능력대로 새로운 도전을 한다면 그게 더 효과적이지 않을까?'

'과정을 모두 이수하고 일찍 졸업한다면 나에게도, 또 학교에도 이익이 되지 않을까?'

이러한 질문들이 살의 머릿속을 떠나지 않았다. 결국 그는 지역의 커뮤니티 칼리지에서 여름 계절 학기에 개설되는 수학 강의를 들으며 선행 학습에 대한 욕구를 채울 수 있었다. 그에게 허락된 수업은 '기초 미적분학'이었다. 고등학교를 졸업할 무렵 그는 재학 중이던 고등학교보다 뉴올리언스 대학교에서 더 많은 시간을 보냈다. 이 경험을 통해 살은 자신의 수준과 능력에 맞는 독립적 학습이 지극히 중요하다는 것을 체험하였다고 한다.

그런데 살만 칸은 이 또한 교육의 가치와 중요성을 존중하는 부모님과 자신의 주변 환경 덕분임을 결코 간과하지 않았다. 그래서 그의 마음속에는 다음과 같은 질문이 추가되었다.

'나와 같은 혜택을 받을 수 없는 학생들은 어떻게 될까?'

이와 같은 의문점을 가슴에 품고 수석으로 고등학교를 졸업한 살은 MIT에 진학하였다. 그곳에서 고향 친구 샨타누를 다시 만나 룸메이트로 함께 지냈다. 이들은 대학에 입학하면 그동안 못하였던 것들을 마음껏 할 수 있을 거라는 큰 기대를 안고 있었다. 그러나 이들이 대학 교육에 실망하기까지는 많은 시간이 필요하지 않았다.

"300명이나 되는 학생들이 강의실에 숨이 막힐 정도로 꽉 차 있고, 교수 혼자서 일방적으로 내용을 전달하는 90분 강의는 고문이었습니다."

그들은 "이 지루한 강의를 열심히 듣는 친구들은 뭐지? 분명 부모가 내준 등록금이 아까워서거나, 노벨상을 받은 유명한 교수를 구경하고 싶어서일 거야."라며 투덜거렸다.

게다가 수업을 열심히 들었던 친구들도 시험 기간에는 자신들과 똑같이, 오히려 자신들보다 더 필사적으로 벼락치기 공부를 한다는 점도 이상하였다.

'도대체 이들은 수업에서 무엇을 배운 걸까?'

이 질문을 통해 살은 "학생을 배려하지 않은 일방적인 교육, 또 학습자를 수동적으로 만드는 수업 방식으로는 배움이 일어나지 않을 뿐만 아니라 의미도, 효과도 없다."는 결론에 다다랐다.

살은 대학 공부를 통해 다중을 상대로 한 강의식 수업의 비효율성을 깨달았고, 수동적 강의를 능동적 학습으로 바꾼다면 학생들은 더 효과적으로 공부하며 자기주도적 학습자가 될 수 있음을 확인하게 되었다.

살만 칸, 아이들을 가르치기 시작하다

1998년, 살만 칸은 대학 졸업과 함께 따뜻하였던 고향과 달리 늘 추웠던 매사추세츠주를 떠나, 당시 닷컴 붐이 한창이던 서부의 샌프란시스코로 건너갔다. 물론 그때도 샨타누와 함께였다. 여전히 룸메이트와 지내며 실리콘 밸리의 기술 스타트업에서 일하던 살은, 2001년에 다시 하버드 경영대학원에 입학하였다. 2년 뒤 그는 하버드 MBA를 졸업하고, 보스턴의 헤지 펀드에서 리서치 애널리스트로 일하게 되었다. 새로운 직장에서 새로운 일을 하게 된 그는 인생에서도 새로운 단계에 들어서게 되었다. 결혼을 하게 된 것이다.

2004년 그의 결혼식에, 40명이 넘는 친척과 가족들이 멀리 뉴올리언즈에서 그를 축하하기 위해 뉴저지까지 날아왔다. 이들 중 한 명은 이제 곧 7학년이 되는 12살의 나디아로, 살의 사촌인 그녀는 대부분의 과목에서 A를 받는 의욕적인 모범생이었다. 그런데 나디아는 당시 학교에서 본 수학 시험에서 처음으로 낮은 성적을 받아 완전히 풀이 죽어 있었다. 안타까운 마음이 들었지만 살은 나디아 정도라면 충분히 이겨 낼 수 있으리라 생각하였다.

몇 달 후 살은 보스턴에 놀러 온 나디아의 가족들을 다시 만났다. 사촌 동생은 여전히 자신의 낮은 수학 점수에 실망하고 있었고, 자신은 수학에 재능이 없는 학생이라고 굳게 믿고 있었다. 하지만 살이 보기에 나디아는 잠재력이 있었고, 논리적이고 창의적이며, 끈질긴 근성까지 가지고 있는 학생이었다. 그러한 나디아가 6학년 과정을 어려워하다니 잘 이해가 되질 않았다. 만약 이 상태로 내버려 둔다면 수학을 싫어하고 결국 수학과 멀어질 것이 뻔하였다. 어떻게든 조카를 도와주고 싶었던 살은, 우선 원격으로라도 나디아의 공부를 도와주겠다고 하였다.

그해 가을, 이들은 야후 메신저와 노트패드, 그리고 전화로 과외를 시작하였다. 처음부터 매끄럽게 진행될 리는 없었다. 살은 나디아가 잘 이해하도록 설명하는 것이 어려웠고, 나디아는 여전히 문제 푸는 것을 두려워하였다. 나디아와 계속 이야기를 나누다 보니, 나디아가 어려워하는 것은 아주 기초적인 단위 변환이라는 것을 알게 되었다. 사실, 6마일이 몇 피트이고 3피트가 몇 센티인지 등을 알아내는 단위 변환은 그리 어렵지 않은 부분이었다. 킬로그램을 그램으로 변환하거나, 미터를 킬로미터로 변환하는 등의 문제는 몇몇 용어만 배우면 간단한 곱하기와 나누기로 해결할 수 있는 문제였다.

살은 어째서 나디아가 별로 어렵지도 않은 문제로 힘들어 하는지 궁금하였다. 그리고 지금 이 부분을 완벽하게 이해하지 못한다면 결국에는 수학을 포기하게 될 것이라 예상하였다. 하지만 이미 학교 진도는 앞으로 나간 상황이었고, 나디아는 부족한 부분을 메우지 못하고 있었다. 이 때문에 자신감도 많이 상실한 상태였다.

살과의 수업 초기에 나디아는 무척 힘들어 하였다. 자주 긴 침묵이 이어졌고, 나디아는 가끔씩 자신감을 상실한 기어들어가는 목소리로 겨우 몇 마디를 할 뿐이었다. 살은 '교사의 질문에 학생들은 교사를 실망시키고 싶지 않고, 틀리는 것이 두려운 나머지 집중을 잘하지 못한다'는 사실을 떠올리고 나디아에게 이렇게 이야기하였다.

"나디아, 난 네가 똑똑한 아이라는 것을 잘 알고 있어. 틀린다고 해도 그것으로 너를 판단하지 않아. 그런데 우리 규칙을 바꿔 보자. 답은 추측해서도 안 되고, 대충 답해서도 안 돼. 내가 원하는 것은 단지 이것뿐이야. 자신감 있는 목소리라면 어떤 대답도 상관없어. 나한테 소리를 질러도 돼. 아니면 '살, 이해가 안 되니 다시 설명해 줘'라고 하든가. 그 누구라도 처음부터 다 이해할 수는 없어. 네가 틀렸다고 해서 나는 너를 무시하거나 그러진 않을 거야."

삼촌의 의도를 이해하였는지 나디아는 모르는 부분을 분명하게 말하였고, 살은 다시 한번 천천히 설명하였다. 무엇이 계기가 되었는지 정확히 알 수 없지만, 나디아에게 '깨달음'의 순간이 찾아왔다. 그리고 갑자기 단위 변환을 잘 이해하였고, 공부가 즐거워지기 시작하였다.

나디아에게 생긴 가장 큰 변화는 잘 이해가 되지 않을 때 다시 설명해 달라고 적극적으로 요구를 하였다는 점이다. 나디아는 문제 앞에서 머뭇거리는 태도가 사라졌고, 살도 가르치는 데 점점 요령이 생겼다. 이렇게 수업은 활기를 띠기 시작하였고, 곧 단위 변환을 이해하게 된 나디아는 빠르게 진도를 나갔다.

"이렇게 쉬운 내용을 이해하지 못했다니 화가 나요. 수학을 포기할까도 생각했는데, 다시는 그러지 않을 거예요."라며 나디아는 수학에 대한 자신감과 긍정적인 마음을 일으켜 세웠다.

나디아는 수학에서 다시 A를 받기 시작하였고, 이후 살은 나디아의 남동생인 '아르만'과 '알리'에게도 수업을 해 주었다. 아이들의 수학 성적이 올라가면서 소문을 듣고 찾아온 이웃들 덕분에 살은 순식간에 열 명을 가르치는 인기 강사가 되었다.

학생들이 늘어나면서 그는 여러 명을 묶어 스카이프skype로 강의하였는데, 이는 1 대 1로 하는 것만큼 효과적이지 않았다. 또 저마다 이해 속도에 차이가 있어 수업이 원활하게 진행되기 어려웠다. 아이들은 강의를 듣다가 이해하지 못하는 부분에 대해 물어보는 것을 어려워하는 것 같았다. 살은 새로운 시스템이 필요하다고 느꼈다.

이 시기의 경험들은 살만 칸에게 교육 방법에 대한 많은 영감을 주었다. 학생과 교사가 서로 신뢰하고 편안한 관계여야 아이들은 마음 편하게 자신이 모르는 것을 질문할 수 있고, 교사는 그에 대한 설명을 충분히 해 줄 수 있다는 것을 배운 것이다. 또 아이들은 이해하는 속도가 저마다 다르기 때문에, 자신의 속도에 맞게 이해할 수 있도록 몇 번이고 질문하고 공부할 수 있는 기회가 주어져야 한다는 것도 배웠다.

살만 칸의 동영상 강의 시스템은 이러한 경험들 속에서 서서히 그 싹을 틔우고 있었다.

거꾸로 공부 포인트

❶ 정답을 요구하거나 빠른 풀이를 강요받으면, 학생은 부담감과 틀리는 것에 대한 두려움 때문에 배움에 집중하기 어렵다.

❷ 학생과 가르치는 사람이 서로 신뢰하고 편안한 관계여야 학생은 모르는 것을 질문할 수 있고, 교사는 충분히 설명해 줄 수 있다.

❸ 모르는 것은 몇 번이고 질문하고 공부할 수 있는 기회가 주어져야 한다.

칸 아카데미의 탄생

**유튜브에
강의를 올리다**

나디아와 서툰 발걸음을 뗀 지 2년이 지난 2006년 가을, 살은 학생들이 편하게 강의를 찾아볼 수 있도록 유튜브에 칸 아카데미 채널을 만들어 과외 영상을 올리기 시작하였다. 친구의 권유로 시작한 일이었는데, 당시만 해도 살은 유튜브가 피아노 치는 고양이를 위한 웹 사이트이지 수학을 공부하고 싶은 사람들이 들어오는 채널은 아니라고 생각하였다.

그러나 사람들은 그의 동영상에 즉각적으로 반응하였고, 살만 칸은 전 세계로부터 다양한 피드백을 받게 된다. 많은 사람들이 "그의 강의 덕분에 수학이 즐거워졌다"라는 감사 표시를 해 왔고, 어떤 교사들은 "살의 강의를 보는 것을 숙제로 내 주었더니 학생들의 실력이 크게 향상되었다"며 고맙다는 인사를 하였다. 살은 점차 가르치는 것이 자신의 천명이라고 생각하게 되었고, 칸 아카데미의 설립을 본격적으로 준비하였다.

누구에게나
수준 높은 강의를
무료로 제공한다는 미션

칸 아카데미의 설립 초기, 살만 칸은 학생 시절의 경험과 사촌들의 과외 경험을 통해 얻은 교훈 몇 가지를 칸 아카데미의 철학과 운영 전반에 반영하였다.

그는 교육 기관이 역사 발전 단계의 필요에 따라 만들어졌다고 말한다. 하버드와 예일 대학교는 영국에서 건너온 이주민들이 아메리카에 정착하면서 세운 학교이며, MIT와 스탠포드 대학, 그리고 주립 대학교는 산업 혁명 및 미국의 영토 확장 과정에서 필요에 의해 만들어진 교육 기관이라는 것이다.

그렇다면 우리가 오늘날 마주하고 있는 정보 혁명의 시대에 적합한 교육은 어떤 것일까? 살만 칸은 정보 혁명 시대에는 변화의 속도가 매우 빠르기 때문에 높은 수준의 창의성과 분석적인 사고 능력이 선택이 아닌 생존을 위한 필수가 되었다고 생각하였다. 따라서 오늘날의 교육은 이러한 생존 능력을 누구에게나 배양할 수 있어야 하며, 이미 충분히 발달한 기술을 잘 활용한다면 원하는 강의를 누구나 무료로 듣게 할 수 있다고 판단하였다. 그래서 살만 칸은 누구에게나 수준 높은 강의를 무료로 제공한다는 미션을 세웠다. 그는 자신의 미션을 통해 새로운 시대에 맞는 새로운 교육 패러다임을 제시하고자 하였다.

교사가 등장하지 않는
칸 아카데미 동영상

미션뿐만 아니라 교육 방법에 있어서도 칸은 자신의 경험을 반영하였다. 우선 그는 칠판에 글씨를 쓰는 방식을 패드를 이용하여 동영상 강의에 적용하였다. 또 칸 아카데미 동영상에는 교사가 등장하지 않는다. 이는 설립 초기에 시간과 비용을 많이 투입할 수 없었던 환경 때문에 최소의 비용으로 최대의 생산성을 내기 위하여 비롯된 원칙이다. 이 원칙 때문에 칸의 동영상은 목소리만 들리는 가운데 가르치는 내용이 칠판에 차례로 쓰이는 방식을 택하게 되었다.

그런데 강사의 얼굴이 보이지 않는 것이 오히려 학생들의 수업 집중도를 더 높이게 되었다. 교사가 칠판을 등지고 이야기하는 학교의 수업 환경과 정반대의 효과를 냈기 때문이다. 이는 마치 칸만 칸이 학생과 어깨를 붙이고 식탁에 나란히 앉아 공부를 지도하는 친밀한 느낌을 주었다. 그리고 교사의 표정과 제스처가 보이지 않기 때문에 학생들이 교사의 목소리에만 집중할 수 있게 하였다.

학생들은 동영상의 칠판 글씨를 따라가다 보면 집중이 되고 더 잘 이해되었다. 그리고 다음에 어떻게 수업이 전개될지 호기심도 가지게 되었다.

10~15분의
길지 않은 동영상

또한 칸은 동영상의 길이도 중요하다고 생각하였다. 사촌들을 가르친 결과 이들이 동영상에 집중할 수 있는 시간은 10분 정도였다. 이 때문에 칸 아카데미의 동영상은 대개 10분 이내이며, 길어도 15분을 넘지 않는다. 학생들이 집중할 수 있는 만큼만 강의하는 것이다. 사실 강의식 수업에서 아이들의 집중 시간이 10~18분 정도라는 것은 여러 연구 결과로 이미 알려져 있다. 이러한 연구 결과가 있는데도 학교에서의 수업 시간은 여전히 이보다 훨씬 길다. 오랜 관행이기 때문에 쉽게 바꾸지 못하는 것이다.

1시간짜리 수업에서 학생들의 집중력이 유지되기 위해서는 변화가 필요하다. 예를 들어, 소그룹 토론이나 능동적으로 문제를 해결하는 연습의 시간이 주어진다면, 이러한 활동을 통해 학생들은 집중력을 재충전할 수 있다.

거꾸로 공부 포인트

❶ 학생들이 수업에 집중할 수 있는 시간은 길지 않다.
❷ 따라서 토론이나 협동 학습을 통해 참여를 유도함으로써 집중도를 높이고 유지할 수 있다.

배움의 속도가 다르다

칸 아카데미는 공부에서 멀어졌던 사람들에게 공부하는 재미가 무엇인지 제대로 알려 주고 있다. 그 비결은 지난 한 세기 동안 이어져 온 교육의 패러다임을 거꾸로 바꿔 놓은 '속도 맞추기'에 있었다.

칸 아카데미는 '수준별 교육personalized education'을 강조한다. 수강자들은 강의를 듣기 전 사전 테스트를 통해 학습 수준을 파악하고 자신에게 맞는 강의를 제공 받는다. 단계에 따라 연습 문제도 다르다. 가령, 초급 수학 강의는 더하기·빼기부터 시작하고, 고급 강의는 고등학교 심화 단계 수준까지 소화한다. 수업 길이는 10~15분 정도로 짧다. 집중력을 높이기 위해서이다.

강의가 시작되면 강사의 음성과 함께, 바로 옆에서 펜으로 노트에 직접 쓰며 설명을 해 주듯 검은 화면 속 형광펜이 움직인다. 동영상 중간중간에 적당한 주관식 연습 문제도 제공된다. 연습 문제 풀기를 원하는 수강생은 플레이어 하단 메뉴 바에 있는 물음표를 클릭하여 문제를 풀면 된다.

강의 방식도 주목할 만하다. 강사가 화면 안에 등장하지 않고 전자 칠판만 보여 준다. 강사의 표정이나 제스처, 주변 환경에 시선이 분산되지 않아 집중도를 높일 수 있다. 무엇보다 정지와 반복, 기본과 심화, 문제 풀이와 학습 향상 데이터 등의 기능을 활용하여 체계적으로 공부할 수 있도록 설계되어 있다.

자신만의 속도를 가능하게 하는 정지 버튼

멜번 대학교 공과대에 다니는 니할 미르푸리는 청각 장애인이다. 그는 칸 동영상에서 배움의 길을 찾았다. 그는 청각장애인으로서 비장애인과 함께 수업하는 것은 어려운 일이었다. 고등학교 때 선생님이 그가 수업을 따라가기 힘들어하는 것을 지켜보시다가, 칸 아카데미를 활용하여 학교 공부를 보완해 보라고 추천해 주었다.

선생님이 처음 제안한 것은, 학교 수업을 잘 소화하지 못하였을 때 칸 아카데미에서 관련 강좌를 찾아 들어 보라는 것이었다. 그런데 실제로 활용하여 보니 칸 아카데미는 그것 이상으로 훨씬 강력한 학습 도구였다. 그는 칸 아카데미 덕분에 수학 과목에서 두각을 나타내었고, 심지어 대학생이 되고서도 계속해서 활용하였다.

칸 아카데미에서 그에게 가장 매력적인 것은 무엇이었을까? 그는 가장 좋은 점이 '정지 버튼'이라고 말한다. 그에게 정지 버튼은 자신만의 속도를 유지할 수 있게 하는 강력한 도구였다.

물론 다른 동영상 강의에도 정지 버튼은 있다. 그렇다면 칸의 동영상과 일반 동영상의 차이점은 무엇일까? 그것은 동영상의 길이에 있었다. 일반 동영상은 길이가 1시간이 넘는 경우가 많았다. 그리고 여러 개념이 이어져 연결되어 나온다. 이렇게 강의 시간이 30~50분 이상이 되면 정지 버튼을 잘 안 누르게 된다. 그러나 칸의 동영상은 개념을 조각내서 10분 정도로 짧게 만들었기 때문에 정지 버튼을 눌러 개념을 확실하게 이해하고 넘어가려는 생각을 가지게 만든다.

미르푸리는 인공 귀를 이식하고 있었으나 말이 잘 들리지 않았다. 그래서 수업 시간에 따라가기가 쉽지 않았다. 선생님에게 다시 설명해 달라고 요청하기도 하지만, 매번 그렇게 하지는 못하였다. 수업을 방해하는 것 같기도 하고 부끄럽기도 하였기 때문이다. 하지만 칸 아카데미에서는 원하는 만큼 반복할 수 있었다. 이것이 대학 생활을 하면서도 그가 칸 아카데미에 자주 가는 이유이다.

미르푸리처럼 듣기가 불편하지 않은 보통 학생의 경우에도 강의 내용이 어려워서 이해하지 못한다면, 누구라도 정지 버튼을 누르고 반복하여 강의를 듣고 싶을 것이다. 그런데 현실에서는 그렇게 하는 것이 거의 불가능하다. 만약 인터넷에 수업 동영상이 올라가 있다면 이러한 입장에 있는 학생들에게 많은 도움이 될 것이다.

칸 아카데미에는 모든 단원에 대하여 기본을 알려 주는 강의가 체계적으로 잘 정리되어 있고, 그래서 이전에 잘 모르고 지나가며 허술하게 공부해 온 것들을 메울 수 있다.

거꾸로 공부 포인트

❶ 정지 버튼을 사용해서 동영상을 멈추듯, 학생들도 배움의 속도를 조절할 수 있어야 한다.

❷ 모르는 내용은 멈추거나 반복할 수 있도록 기회가 주어져야 한다.

완전 학습을 지향하다

**모든 학생이 동일한
내용을 같은 속도로
학습할 필요가 없다**

인터넷에는 다양한 종류의 동영상 강의가 올라와 있다. 많은 학생들이 이들 강의를 활용하고 있으며, 학생들은 동영상 강의에서 많은 도움을 받고 있다. 동영상 강의는 언제 어디서나 원할 때 이용할 수 있다는 점에서 칸 아카데미의 그것과 크게 다르지 않다. 그런데 칸 아카데미의 동영상은 체계적이고 세분화되어 있다. 칸 아카데미의 동영상 자료실에는 수학, 과학, 경제, 역사, 예술 등의 다양한 영역을 다루는 동영상이 있다. 특히 수학 프로그램은 유치원 수학부터 미적분 수준을 모두 아우르는 과정으로, 어떤 사람이라도 자신의 수준과 내용에 맞는 것을 찾을 수 있도록 세분화되어 있다.

또 개인의 진도에 맞는 연습 문제를 연계해서 풀어 볼 수도 있다.

그리고 문제를 풀 때 어려운 부분을 만나면 단계별 힌트와 해설 동영상을 활용할 수 있으며, 댓글을 통하여 설명을 요청할 수도 있다.

이러한 칸 아카데미의 '강의 → 문제 → 힌트 → 해설 → 질문' 시스템은 매우 체계적으로 짜여 있어, 현지의 많은 학교에서 수업에 활용하고 있다. 또 칸 아카데미에서는 학습 포트폴리오 개념의 데이터 분석도 함께 제공하는데, 이 코너에서 자신의 성취도를 확인할 수 있다. 세팅을 해 놓으면 학습 코치인 교사나 멘토, 학부모에게도 학습자의 성취도가 제공된다.

칸은 "공부할 때 자신의 속도에 맞는 자료를 이용해야 하고, 다른 사람의 속도에 구애 받지 않고 완벽하게 습득하고 지나가야 한다."고 말한다. 따라서 칸 아카데미에서는 모든 학생이 동일한 내용을 같은 속도로 학습할 필요가 없다. 진도 때문에 확실히 이해하지 못한 것들을 그대로 넘겨 버리면 배움이 효과적이지 않기 때문이다.

'지식 지도'와 '대시보드dashboard'라고 불리는 시스템은 학생들이 자신의 학습 이해도를 실시간으로 파악할 수 있도록 돕는다. 이를 바탕으로 이용자는 누구나 개인의 특성과 능력에 따라 스스로 학습을 주도하는 것이 가능하다.

2007년 살만 칸은 캘리포니아 북부의 한 학교에서 평균 이하인 학생들을 대상으로 한 6주짜리 프로그램에서 소중한 경험을 한다. 이때 그는 자기 속도에 맞춘 학습이 얼마나 중요한지 다시 한 번 느낄 수 있었다.

"7학년(중학교 1학년) 학생 수업을 2개 그룹으로 나눠 진행하였어요. 기초가 부족해 덧셈부터 시작하는 그룹과 5학년 수준에서 시작하는 그룹으로 나누었습니다. 하지만 6주간의 프로그램이 끝날 때쯤 처음에는 느리게 진도를 나간 듯 보였던 기초 그룹이 결국 5학년 수준에서 시작한 그룹을 앞서가기 시작하였어요."

학년이 올라갈수록 개념의 구멍이 숭숭 뚫려 있는 아이들이 많아진다. 그러면 학습의 향상을 기대하기 어렵다. 캠프에 참가하였던 학생들 중에는 두 자릿수 뺄셈을 못하는 학생도 있었고, 분수나 나눗셈에 대한 기본적인 기술이 부족한 경우도 있었다. 구구단을 배운 적이 없는 것 같은 학생들도 있었다.

그래도 7학년인데 덧셈·뺄셈부터 시작하는 것은 너무 모욕적이지 않을까 하는 생각에 칸은 5학년 수준부터 시작하자고 제안하였다. 그런데 칸의 생각과는 다르게 많은 학생들은 기초부터 시작하길 원하였다. 그래서 '5학년부터 시작'하는 그룹과 '맨 처음부터 시작'하는 그룹으로 나누어 수업을 진행한 것이다. 살은 5학년부터 시작한 그룹이 6주 후에 훨씬 더 나은 성과를 보일 것이라고 생각하였다. 하지만 기초부터 시작하였던 그룹이 훨씬 더 나은 성과를 나타내는 것을 보고, 완전 학습의 중요성에 대해 다시금 절감하게 되었다.

그중 한 여학생이 보여준 성과는 놀라
웠다. 그녀는 수학에 대한 기초가 거의
없었고, 기초 그룹 중에서도 가장 더딘
편이었다. 특히 과도할 만큼 오랜 시간을
음수를 더하고 빼는 개념과 씨름하느라 보냈다. 그러다가 '아하' 하는
순간이 찾아왔다. 그 순간이 지나자 교실 안의 거의 모든 학생보다 빨
리 발전하기 시작하였다. 프로그램이 끝날 때 그녀는 모든 학생 중에
수학을 가장 잘하는 학생이 되었다. 수학을 잘한다고 생각하던 학생
들조차 어려워하는 복잡한 개념들을 그녀는 수월하게 풀어냈다. 모
르는 것이 쌓여가는데 아무런 조치도 취하지 않고 그냥 진도를 나가
기만 한다면, 공부의 구멍을 언제 메울 수 있을까?

연습 문제를 완벽하게 풀어야만 다음 단계로 나갈 수 있는 것 또한
칸 아카데미의 특징이다. 칸 아카데미는 무료이지만 성과 평가에 결
코 호락호락하지 않다. 학생은 자신이 받은 교육에 대해 반드시 평가
를 받아야 하고, 일정 수준을 넘지 못하면 다음 과정으로 넘어갈 수
없다.

살만 칸은 '마스터 학습mastery-learning'이라는 자신만의 개념을 강조
한다. 그래서 칸 아카데미는 이해가 안 되면 반복해서 듣거나 문제를
계속 풀어 보면서 다양하게 사고하고, 실패를 경험하면서 완벽하게
익힐 수 있도록 설계되어 있다. 수학이나 과학처럼 기초 개념을 기반

으로 하여 그다음 내용을 배우는 것이 필수적인 학문은 반드시 이러한 마스터 학습 방식으로 접근해야 한다. 이것이 제대로 지켜지지 않으면 학생들의 능력은 결국 군데군데 구멍이 날 수밖에 없다.

모르는 것을 모른 채 그냥 지나가는 것은 배움에서 멀어지는 지름길이다. 학생들은 확실하게 알고 넘어가는 습관을 가져야 한다. 완전학습을 지향해야 한다.

거꾸로 공부 포인트

❶ 아이들은 배움의 속도가 모두 일치하지 않는다.
❷ 완벽하게 습득하지 못하였는데 다음 단계로 넘어가서는 안 된다.

칸 아카데미,
교실 수업을 뒤집다

___
교실을 뒤집다
___

칸 아카데미는 교육 콘텐츠를 제공하는 기존의 웹 사이트와 여러모로 차별화된다. 하지만 칸 아카데미의 가장 혁신적인 차별점은 무엇보다 '전통적인 교실의 개념을 무너뜨리고, 교육 시스템에 대한 새로운 시각을 제시하였다는 점'이다.

유튜브에 강의를 올리면서 전 세계 선생님들로부터 다양한 피드백을 받았던 칸은, 실제로 실리콘 밸리의 로스 알토스Los Altos 지역 교육청과 협력하여 칸 아카데미를 활용한 교육 실험을 진행하였다.

5학년과 7학년 학생들을 각각 두 그룹으로 나누어, 한 그룹은 수업 시간에 강의를 듣고 집에 가서 숙제를 해 오는 일반적인 방식과, 그 반대의 방식으로 프로그램을 진행하였다. 칸의 동영상을 시청하면서 수업 내용을 스스로 학습하는 것을 숙제로 받은 아이들은 교실에 와서는 선생님과 문제를 풀었다. 이에 대해 살은 '교실을 뒤집는다flip the classroom'라고 표현하였다. 즉, 선생님 1명이 아이들에게 동일한 내용을 전달하는 전통적인 수업 모델을 거꾸로 한 것이다.

교실에서 각자의 진도에 따라 문제를 푸는 아이들은 어려운 부분이 있을 때 선생님이나 내용을 잘 아는 옆 친구에게 도움을 받을 수 있다. 선생님은 문제 푸는 것을 지켜보면서 학생들이 어떤 부분에서 막히고 있는지 파악할 수 있어 즉각적인 도움을 줄 수 있게 되었다. 이렇게 하다 보니 선생님은 학생들과 보다 친밀한 인간 관계를 형성할 수 있게 되었다.

일반적인 방식의 수업에서는 수업 시간에 배운 개념을 응용하거나 보다 심화된 내용을 숙제로 다루게 된다. 게다가 수업 시간에 배우는 내용보다 더 어려운 숙제를 선생님의 도움 없이 혼자서 해내야 한다. 무엇인가 거꾸로 되었다는 생각이 들지는 않는가?

그래서 수업 방식을 뒤집으니, 수업 시간은 선생님과 함께 응용 문제를 풀고 내가 궁금한 것을 묻고 배울 수 있는 시간이 되었다.

교실의 인간화

이러한 실험의 목표는 '교실의 인간화humanize the classroom'이다. 즉, 선생님과 학생의 일대일 학습, 또 학생과 학생

간의 동료 학습peer learning 을 장려함으로써 보다 많은 인간적인 시간 human time 을 확보하려는 것이다. 보통 교육 환경의 개선점을 논의할 때 '교사 1인당 학생 수'라는 지표를 활용한다. 이에 대해 살만 칸은 학생 1인당 교사와의 가치 있는 인간적인 시간the ratio of a student to the amount of valuable human time with a teacher 을 어떻게 확보하고 실현할 것인 가가 더 중요하다고 말한다.

칸의 웹 사이트 또한 이러한 상호 학습이 가능하도록 각 동영상마다 댓글로 질문하고 서로 답변할 수 있는 기능을 제공하고 있다. 그리고 게임적인 요소를 활용하여 강의를 열심히 듣거나, 질문에 답변을 하는 사용자에게는 여러 가지 보상을 주어 적극적인 활동을 이끌어 내고 있다. 배우고 싶은 사람뿐만 아니라 배운 것을 나누고 싶은 사람은 웹 사이트에 멘토로 등록하여 자신의 자녀, 이웃, 사촌, 또는 모르는 이용자를 코칭 할 수도 있다.

캘리포니아주 이스트팰로앨토 지역의 사립 학교 이스트사이드 칼리지는 지난 2011년에 칸 아카데미 시범 학교로 선발되었다. 그리고 6, 7, 8학년의 수업 시간에 칸 아카데미를 적극 활용하였다. 칸 아카데미 활용 이전에는 수업이 학생 중심이기보다 교사 중심이었다. 수업의 대부분은 교사의 강의와 설명으로 채워졌고, 강의는 평균 수준의 학생들을 염두에 두고 계획해야 했다. 더 큰 자극이 필요한 상위권 학생들이나 더 많이 챙겨 주어야 하는 하위권 학생들에게 맞추어서 다각화하기는 어려웠다.

하지만 칸 아카데미를 적용한 뒤에는 수업 방식을 다각적으로 만들어 갈 수 있었다. 학생들은 칸 아카데미에 접속하여 자기의 수준에 맞추어 서로 다른 단원의 강의를 들었다. 그리고 강의가 끝난 뒤, 칸에서 제공하는 연습 문제를 가져와 수업 시간에 풀었다. 아이들은 서로 진도가 달랐다. 문제를 풀면서 궁금한 것이 있을 때는 선생님이 일대일로 보충 설명을 해 주거나, 친구들과 논의하며 풀어가도록 하였다. 학생들의 준비도와 욕구, 능력이 중심이 되는 수업이 된 것이다.

그 결과 아이들의 수학 능력이 현격히 향상되었다. 칸 아카데미 없이 가르쳤을 때의 데이터와 비교해 볼 때, 각 단원 시험과 학기 말 시험에서 패스하는 아이들의 수가 많아졌다.

그리고 패스하지 못한 아이들은 상담을 통해서 틀린 문제를 하나하나 살펴보게 하였다. 이렇게 하면 아이들 스스로 무엇을 잘못하였는지 알게 되고, 이 과정에서 개념을 더 명확히 이해하게 된다. 그런 후 다시 시험을 보게 하여 100% 통과로 이끌었다. 이러한 방식으로 아이들이 한 단원을 완전히 익힌 후에야 다음 단원으로 넘어갈 수 있게 하였다.

이와 같은 사례는 다음 장에서 다룰 '거꾸로 교실'과 매우 유사한 형태의 수업이다. 이제 교사 한 사람이 다수의 학생들을 상대로 강의하는 방식은 교실에서 학생들에게 환영 받지 못하고 있다. 교사들도 학생들의 수준이 서로 다르기 때문에 이 방식의 수업을 힘들어 한다. 궁여지책으로 평균 수준의 학생에게 맞추어 수업을 진행하지만, 모두에게 만족을 주지 못한다. 몇 년 전에 중국의 한 교육 기관이 주최한 교사 연수에 참가한 적이 있었는데, 그때 만난 한 중학교 선생님이 내게 이렇게 질문하였다.

"아이들의 수준이 각양각색이어서 평균에 맞추어 준비를 해요. 그렇게 하면 앞선 학생이나 뒤쳐진 학생들을 만족시키기 어려워요. 수업의 집중도도 떨어지고요. 어떻게 해야 하나요?"

그런데 이 질문에 답하기 위해서는 '평균 수준의 학생'에 대한 기준이 명확해야 한다. 그러나 어떤 학생들을 평균 수준의 학생이라고 말할 수 있겠는가? 하버드대 토드 로즈 교수는 다음과 같이 말하였다.

"비행기의 조종석을 만들기 위해 4,000명의 비행기 조종사들을 측정해 보니, 이른바 비행기 조종사의 전형이라 불리는 수치에 딱 맞는 사람, 즉 평균에 해당하는 사람은 단 한 명도 없었습니다. 교육도 이와 마찬가지 아닌가요?

만약 학습 환경을 평균에 맞추어 설계한다면 그것은 누구를 위해서도 설계하지 않는 것과 마찬가지입니다. 모든 학생들이 제각각 들쭉날쭉한 학습 특성이 있기 때문에 결국 평균은 모든 사람에게 상처를 줍니다."

있지도 않은 평균적 수준을 정해 놓고 수업을 준비하는 것은 의미 없는 일이다. 따라서 교실에서는 모든 학생이 자신만의 수준과 속도로 학습에 참여할 수 있도록 수업의 방식을 바꿀 필요가 있다.

거꾸로 공부 포인트

❶ 평균 수준의 학생에 맞추는 수업은 불가능하다. 평균은 없기 때문이다.

❷ 교실을 뒤집어서, 학생이 미리 동영상을 보고 수업에 오면 교사와 학생이 함께 부족한 부분을 보충하거나 심화 학습을 하게 된다. 여기서 '교실의 인간화'가 일어난다.

창의성 기르는 소통 지향적 교육
'칸랩 스쿨'

**미래형
혁신 대안학교**

칸랩 스쿨Khan Lab School은 살만 칸이 설립한 비영리단체 칸 아카데미가 만든 학교이다. 칸 아카데미의 학교 버전인 것이다. 칸 아카데미가 학습자 중심의 맞춤형 온라인 학교였다면, 칸랩 스쿨은 이를 오프라인으로 옮긴 셈이다. 2014년 업계에 처음 공개된 칸랩 스쿨은 학생 개인별 맞춤형 교육을 제공, 학업 성취도를 극대화한다는 아이디어에서 출발한 미래형 혁신 대안학교이다.

살만 칸이 제시한 미래 학교와 기존 학교의 가장 큰 차이점은 '학습 진도'이다. 이 학교에는 학년이 없다. 6학년이어도 실력이 부족하면 5학년 내용을 배우고, 반대로 잘하면 상급 단계 진도를 나간다. 학교는 유치원생부터 중학생(5~12학년)까지 받지만, 나이별로 반 배정을 하지 않는다. 학습 이해도와 관심사에 따라 나뉘기 때문에, 10살 형이나 누나와 8살 동생이 사칙연산을 함께 공부하는 보기 드문 광경도 만날 수 있다. 나이를 넘어선 개인 맞춤형 교육이 이루어지는 셈이다. 이와 관련해 살만 칸은 "같은 나이여도 개인별로 이해도가 다르다. 누구는 70점, 누구는 95점을 맞는데 똑같이 진도를 나간다면 학생 간 실력 격차는 커질 수밖에 없다."라고 설명한다.

학생들은 인공 지능 기술을 기반으로 추천된 개인 맞춤형 교육을 이수한다. 따라서 단편적인 시험 점수로만 평가하지 않고, 협업을 중시하는 프로젝트 형태로 수업이 진행된다는 특징이 있다. 칸랩 스쿨의 학생들은 오전에 자신의 흥미와 수준에 맞추어 교실에서 수학·작문·컴퓨터 등을 공부하고, 오후에는 예술 활동이나 운동을 통해 창의력과 인성을 함양한다고 한다.

강의식 수업도 찾아보기 어렵다. 교사는 가르치는 사람이라기보다 조력자에 가깝다. 학생이 자신의 흥미와 수준에 맞추어 공부할 수 있도록 돕는 역할을 한다. 또 학생 스스로 시간표를 짜고 학습 목표를 설정한다. 이 학교에서는 AI 기술을 기반으로 1 대 1 맞춤형 수업을 진행한다. 학생의 학습 능력을 분석하고 이를 고려하여, 수학은 1학년 1개월차, 영어는 3학년 4개월차, 역사는 5학년 2개월차, 이러한 식으로 온라인 수업을 듣는다. 능력이나 수준을 고려하여 수업 시간표를 짜다 보니, 한 학생이 과목별로 학년이 다를 수 있는 것이다.

공간 구성도 일반 학교와 다르다. 칸'랩' 스쿨이란 이름처럼 실험실을 연상하게 하는 열린 학습 공간이 곳곳에 배치되어 있다. 학습 내용별로, 브레인스토밍이 필요한 아이는 Ideate Lab(사색실), 창작물을 만들려는 아이는 Make Lab(공작실), 친구와 토론을 하려는 아이는 Chat Lab(대화실)으로 들어간다. 또 학습에 디지털 기술을 접목하는 데도 주저함이 없다. 학생들은 아이패드, 크롬북으로 책을 보고 롤러블(돌돌 말리는) 디스플레이로 프레젠테이션을 한다. 디지털 기기로 공부한 덕분에 학생의 학습 기록은 데이터로 축적되고, 이는 AI 맞춤형 학습의 재료로 쓰인다. 개인별 맞춤 교육을 진행하기 위해서 학생이 학습한 데이터가 필요한데, 이에 디지털 학습이 도움이 되는 것이다.

전통 학교와의 연계

칸랩 스쿨이 전통적인 학교와 다른 점으로는, 크게 자율성과 학업 성취도에 의한 분반 및 승급, 콘텐츠 중심이 아닌 인지 능력, 성격 등 맥락Context 중심의 학습 등을 꼽을 수 있다.

즉, 칸랩 스쿨의 학생들은 급변하는 미래에 적합한 인재로 성장하기 위해 자신의 강점과 약점을 파악하고, 자율적인 학습을 통해 학업 능력 및 사회적 역량을 키워 나가는 '소통 지향적인 교육'을 받고 있다는 것이다.

하지만 칸랩 스쿨이 전통적인 수업 방식을 모두 부정하는 것은 아니다. 살만 칸도 전통 학교의 강점을 인정하고 있다. 이와 관련해 2020년 1월 'EdSurge News'에 직접 기고한 글 "Three Things We Learned at Khan Academy Over the Last Decade"에서 "지난 10년간 대안학교 운동을 진행한 결과 3가지를 느꼈다. 교사가 학교의 중심이란 사실이다. 우리는 매일 지속해서 그들에게 배워야 한다."라고 말하였다. 또 "우리의 공립 학교는 많은 도전에도 불구하고 지속해서 진전을 이루고 있다."라며 전통 학교를 응원하기도 하였다.

그런데 '교사가 학교의 중심'이라는 말이 '교사가 배움의 중심'이라는 말은 아니다. 교사는 배움에서 조력자로서 더 큰 역할을 수행해야 한다. 전통 교실에서도 그러한 방향으로의 노력이 계속되고 있다.

살만 칸은 공립 학교와의 연계도 노력 중이다. 칸랩 스쿨 운영을 통해 얻은 노하우를 일반 학교에 이식하려는 시도의 일환이다. 가령, 그는 "일주일 중 적어도 한 차례라도 개인 맞춤 수업을 하면 큰 학습 효과를 거둘 수 있다."라고 주장한다. 그는 2019년 한 인터뷰에서 다음과 같이 말하였다.

"최근 들어 우리가 인식하고 있는 사실에 따르면, 학생들이 주당 30분~1시간이나 주당 1회 수업 시간에 소프트웨어 기반 자기주도학습을 하는 경우에 학교는 전국 성취도 평가에서 예상보다 20~30% 상승한 실적을 거둘 수 있다는 겁니다. 이러한 결과는 주류 교실에서 충분히 실행이 가능하므로 무척이나 흥미롭죠. 우리는 주 4일 동안 전통적인 교과 과정을 실시하면서, 칸 아카데미 수업을 주당 30~60분 진행하라고 교사들에게 권고하고 있습니다."

그는 전체 커리큘럼의 80%는 전통 방식으로 하고, 나머지 20%만 '칸랩 스쿨식' 학생 맞춤형 학습을 집어넣으라고 권한다.

이러한 의견은 수가타 미트라와 비슷한 면이 있다. 미트라 교수는 "SOLE 수업을 매일 실시할 필요는 없다. 주 1회면 충분하다고 말하는 교사도 있다. 어떤 교사는 한 주제를 마무리하면서 그 주제의 더 심화한 측면이나 난해한 측면을 탐구하기 위해 SOLE 수업을 실시하기도 한다."라고 하였다. 그는 어떤 날 아이들의 의견이 "오늘 주제는 SOLE 수업으로 하는 게 좋을 것 같아요."라고 하면 그렇게 하는 것도 하나의 방법이라고 하였다.

따라서 기존의 전통 수업을 하는 곳에서 무리하게 수업 방식을 모두 바꾸기보다는, SOLE이나 칸랩 스쿨의 방식을 접목해 가면서 변화를 꾀하는 것이 혼란을 줄일 수 있을 것이다.

**에듀테크 시대
교사의 역할**

에듀테크edutech 란 교육 분야에 정보 통신 기술을 융합한 교육 서비스를 말한다. 에듀테크는 완전 학습mastery learning 을 위한 좋은 도구이다. 완전 학습은 미국 교육심리학자 벤저민 블룸Benjamin S. Bloom 이 제안한 이론으로, 모

든 학생이 학교에서 배우는 것을 완전히 습득한다는 내용이다. 블룸은 철저한 개인 학습이 뒷받침된다면, 일부 상위권 학생뿐 아니라 95% 학생이 수업 내용을 90% 학습할 수 있다고 주장하였다.

디지털 기반의 학습이 일반화된 지금, 완전 학습을 위한 에듀테크의 물리적 기반은 충분하다고 할 수 있다. 하지만 아이들의 학습 격차는 줄어들기는커녕 더 커지고 있다는 뉴스가 심심치 않게 들린다. 기초학습 능력이 부족한 학생도 늘어나고 있다. 이유가 무엇일까?

사람은 지식과 정보를 수집하는 기계와 달리 좌절과 용기, 두려움과 자신감, 지루함과 즐거움을 거듭하며 성장한다. 그래서 일방적으로 지식을 주입하는 방법을 지양해야 한다고 이야기하는 것이다. 그런데 지식을 전달하는 주체가 교사에서 컴퓨터로 바뀌기만 해서는 온전한 학습이 이루어질 수 없다. 배움의 과정에서 학생을 계속 관찰하고, 관심과 애정으로 다가가서 상황에 맞게 피드백을 해 줄 사람이 필요하다. 에듀테크 시대에 교사의 역할이 더 중요해진 이유이다.

거꾸로 공부 포인트

❶ 개인별 맞춤 교육을 진행하는 데 학생이 학습한 데이터가 도움이 된다.
❷ 기존의 전통 수업을 하는 곳에서는 SOLE이나 칸랩 스쿨의 방식을 접목해 가면서 변화를 꾀하는 것이 좋다.
❸ 에듀테크 시대에는 교사의 역할이 더 중요해진다.

3

교실 이데아,
거꾸로 교실

거꾸로 교실의 탄생

**거꾸로 교실이란
무엇인가**

미국을 비롯한 많은 나라에서 전통적인 수업 방식이 새로운 테크놀로지에 의해서 변화의 바람을 맞고 있다. 미국 언론에서는 "플립 러닝(Flipped Learning, 거꾸로 수업)이 전통적인 수업 방식을 바꾸고 있다."라는 보도가 있었고, 학교 현장에서도 거꾸로 수업을 도입하여 진행하는 곳이 늘어나고 있다.

그러면 거꾸로 수업이란 무엇일까? 거꾸로 수업에 대해 이해하기 위하여 한 학생의 수업을 따라 들어가 보자.

미국의 한 고등학교에 다니고 있는 앤더슨은 내일 있을 수학 수업을 위하여 선생님이 제작한 온라인 비디오를 본다. 그는 이 비디오를 시청하기 전에 따로 관련 강의를 들은 적은 없다. 온라인 강의는 길지 않았고, 다음 날 수업에서 다루어질 내용이 잘 정리되어 있었다.

앤더슨은 다음 날 수업 시간에 늦지 않게 도착하였다. 수업 시간에는 친구들과 함께 소그룹으로 선생님이 미리 준비한 연습 문제나 퀴즈를 풀었다. 문제를 풀면서 이해가 안 되는 부분은 서로 설명을 주고받았다. 그래도 부족한 부분은 선생님의 도움을 받아서 확실하게 이해하였다. 다음 수업에서는 이날 나온 방정식 공식을 노래로 만들고, 친구들 모두가 출연하는 비디오도 만들 예정이다.

이때 담당 교사는 문제 풀이가 안 되는 학생을 별도로 돕거나, 학생들의 모둠 활동을 지원하는 역할을 할 뿐이다. 이러한 수업 방식을 '플립 러닝'이라고 한다. 여기서 '플립'이란 '뒤집었다'라는 의미이다. 즉, 대부분 신생님의 설명으로 이루어지는 전통적인 수업을 뒤집었다는 것이다. 이 '뒤집힌' 방식은 선생님의 설명이 담긴 동영상 강의를 시청하는 것이 숙제이고, 수업 시간은 연습 문제 풀이와 다양한 활동으로 채워진다.

처음에는 이 뒤집힌 방식에 선생님도, 학생들도 익숙하지 않아 많은 시행착오를 겪었음은 물론이다. 그러나 얼마 지나지 않아 수업 방식에 익숙해진 학생들의 수업 참여도가 높아졌고 성취도 역시 향상되었다.

초등학교 5학년 교사인 리아 선생님도 수업 시간에 이 방식을 도입하였다. 그는 십진법 덧셈을 가르치는 5분짜리 비디오를 만들어 사이트에 올리고, 수업에 참여하기 전에 아이들이 시청하게 하였다. 그리고 '뒤집힌' 수업 시간에는 '돈과 메뉴'라는 놀이 학습을 통해 어떻게 음식을 주문하고, 계산서를 받고, 잔돈을 주고받는지 아이들과 함께 역할 수업을 하였다.

그러자 수업에서 배운 내용을 실생활에 응용할 수 있어서 아이들의 흥미도가 올라갔고, 현실에 적용하는 힘도 커졌다. 전에 비해 학업 성취도가 향상된 것도 당연한 결과였다.

거꾸로 수업의 수업 시간은 이처럼 수업 내용을 응용하는 심화 연습으로 모두 활용된다. 이 방식은 전통적인 수업에서는 상상하기 어려웠다. 교사가 주도하던 수업 시간은 학생들의 활동에 초점이 맞추어지게 되었고, 학습에 대한 책임이 학생에게로 넘겨졌다. 그동안 학생들이 자기주도학습을 할 수 있도록 지도해야 한다고 하였지만, 여전히 학교든 학원이든 교사가 수업의 중심에 서 있어서 진정한 자기주도학습이 불가능하였다. 그런데 수업 방식 자체를 뒤집으니 비로소 자기주도적 학습이 가능해진 것이다.

이러한 방식의 '거꾸로 교실'은 미국 전역에 걸쳐서 테크놀로지에 익숙한 젊은 세대 교사들을 중심으로 빠르게 퍼지고 있다. 현재 이 방식을 이용하는 교사들의 숫자를 정확하게 파악하기는 어렵지만,

온라인에 구축된 '거꾸로 교실' 네트워크는 수만 명의 회원을 확보하고 있다. 회원은 매년 꾸준히 늘어나고 있으며, 전국에서 이 방식을 가르치는 워크숍도 자주 열리고 있다.

거꾸로 교실의 탄생

거꾸로 교실 방식은 미국 콜로라도의 두 명의 교사가 그들의 화학 수업에 결석한 학생들을 위해서 수업을 녹화하였던 것이 계기가 되었다.

2006년, 콜로라도 우드랜드파크 고교에 전근 온 존 버그만의 수업 방식은 전통적인 수업 방식과 크게 다르지 않았다. 학생들 각자의 수준 차이를 고려하지 못하다 보니 수업을 따라오지 못하는 학생들이 많았다. 또 교사의 강의를 일방적으로 듣는 학생들은 쉽게 지루해하였다. 그래서 파워포인트PPT 등 다양한 멀티미디어 자료를 활용하여 수업의 집중도를 개선하려고 해 봤지만, 상황이 나아지지는 않았다. 게다가 많은 학생들이 스포츠나 다른 특별 활동으로 인하여 수업에 자주 빠졌고, 그 이후 진도를 따라가는 데 어려움을 겪었다.

그래서 대안을 고민하던 중 버그만과 동료 교사 에런 샘스는 평소 수업에 자주 참여하지 못하는 운동부 학생들을 위하여 만들어 둔 강의 동영상을 다른 학생들에게도 활용하여 보기로 하였다. 2007년 봄부터 스크린 캡처 소프트웨어를 이용하여 수업을 녹화한 후 그 파일을 온라인상에 올려서 학생들이 시청할 수 있도록 하였다.

두 교사는 학생들에게 이 동영상을 집에서 보고 오게 하였다. 그리고 수업 시간에는 학생들이 집에서 본 강의 내용을 바탕으로 이해가 어려운 내용을 교사에게 질문하도록 하였다. 그리고 다른 친구들과 공동 프로젝트를 해 볼 수 있게 '활동 중심 수업'을 설계하였다. 그러던 어느 날 버그만은 부교육감과 이야기를 나누게 되었는데, 부교육감은 버그만에게 다음과 같이 말하였다.

"저는 당신이 강의 동영상을 올려놓고 학생들이 미리 듣고 강의에 참석하게 하는 방식이 매우 효과적이라고 생각해요. 내 딸의 대학 교수 또한 강의를 녹화해서 주는데 딸이 매우 좋아합니다."

그는 이 말을 듣고 교실 수업의 의미에 대해 생각해 보게 되었고, 교실 수업의 가치를 어떻게 향상시킬 수 있을지 고민해 보게 되었다고 한다.

'일반적인 내용은 학생들 스스로 공부할 수 있기 때문에 굳이 면대면 수업을 하지 않아도 된다. 우리가 해야 할 수업 내용을 모두 녹화하여 학생들이 집에서 동영상을 보게 하고, 실제 수업 시간은 아이들이 어려워하는 개념을 이해하도록 도와주는 데 쓰면 어떨까?'

이러한 고민을 거듭하고 자신의 생각을 동료 교사 에런 샘스와 나누면서, 차츰 '거꾸로 교실'의 윤곽이 잡혀가기 시작하였다.

거꾸로 교실의 탄생으로 학교에서 강의를 듣고 집에서 숙제를 하던 학생들은, 집에서 강의를 듣고 학교에서 관련 활동을 할 수 있게 되었다. 기존 패러다임을 뒤집은 이 수업 방식에는 '거꾸로 수업'이라는 이름이 붙었다. 거꾸로 수업은 그해 '일반 화학'과 '고급 화학' 코스에 대한 동영상 170개를 만들면서 시작되었다. 그러면서 그는 교실이 정보만 주는 공간은 아니라는 점을 깊이 느끼게 되었다고 말하였다. 교사가 단순하게 정보를 전달하는 역할을 넘어, 주어진 정보에 대해 학생들이 응용, 분석, 활용하고, 창의적 생각을 할 수 있도록 도와주는 역할을 실제로 할 수 있게 된 것이다.

거꾸로 수업 덕에 학생들의 수업 참여율은 눈에 띄게 높아졌다. 활동 중심의 수업이 가능해지면서 꾸벅꾸벅 조는 아이들이 사라졌다. 초기에는 영상을 안 보고 오는 학생들도 있었다. 하지만 그럴 경우 수업 참여가 어렵다는 것을 알게 되고, 점점 더 많은 학생들이 영상을 보고 수업에 참여하였다. 학업 성취도도 높아졌다.

거꾸로 교실 수업 방식은 말 그대로 '수업'과 '숙제'를 하는 장소를 바꾸는 것을 의미한다. 교실에서 하던 강의식 수업을 사전에 동영상으로 만들어 학생들이 시청하게 하고, 교실에서는 강의 대신 다양한 활동으로 보다 고차원적인 수업을 하게 한다.

자녀들의 숙제를 봐주다가 짜증난 적이 있는 부모들이 많이 있을 것이다. 그도 그럴 것이 학교 수업 시간에서는 비교적 쉬운 내용을 학습하고, 정작 집에서는 응용이 필요한 활동을 숙제로 하고 있으니 말이다. 게다가 옆에는 도와줄 선생님도 없다. 무언가 잘못되었다고 생각하지 않는가? 교사들은 전달식 수업으로 교육의 하위 영역인 기억과 이해의 영역을 주로 다루고, 학생들에게 적용, 분석, 평가, 창조의 영역을 담당하게 하고 있는 것이다. 이것을 도울 수 있는 부모도 많지 않다. 아이가 숙제를 할 수 없을 때나 어려움에 봉착했을 때 즉각적으로 도와줄 사람이 옆에 있어야 한다. 그래야 아이가 배움에 흥미를 잃지 않고 도전하려는 마음을 품게 된다.

이러한 문제 의식을 바탕으로 기존의 관행을 거꾸로 뒤집은 것이 거꾸로 교실이다. 집에서는 학생 스스로도 할 수 있는 기억, 이해의 영역을 동영상으로 공부하고, 본 수업에서 기존의 숙제의 영역인 상위 단계의 학습을 하는 것이다. 학생들이 어려워하는 것을 도와주는 것이 진정한 교사의 역할이 아닐까? 개념 학습은 집에서 해 오고, 응용·심화 학습은 학교에서 선생님과 친구들과 합심해서 배우게 하는 것이다.

거꾸로 교실 수업 방식

❶ 교사가 수업 내용을 미리 10~15분 분량의 영상으로 제작한다.

(45분 수업에서 꼭 설명해야 하는 내용을 간추려서 영상에 반영)

❷ 학생들은 수업 시작 전에 미리 영상을 보고 수업에 참여한다.

(집에서 보고 올 수도 있고, 학교에서 쉬는 시간이나 점심시간을 활용하기도 한다)

❸ 수업은 참여식 수업으로 진행된다. 핵심 내용을 이미 파악한 상태에서 다양한 모둠 활동으로 주어진 과제를 해결한다.

❹ 평가 및 시험은 기존과 같은 방식으로 치른다.

❺ 학생들은 시험을 준비할 때 선생님의 설명 영상을 다시 볼 수 있다.

▼●▼
강단 위의 현인 vs 객석의 안내자

거꾸로 교실 수업 방식은 존 버그만이 수업에 도입하기 이전에도 일부 대학 등에서 시도되었으며 그에 대한 연구도 진행되었다. '역진 행 수업'이라 불리기도 하였던 이 방식은 '협동 학습', '프로젝트 중심 학습' 등과 같은 학습자 중심의 활동 수업이다.

역진행 수업에서 교수는 학생들의 배움을 고취하는 데 더 많은 시간을 활용하게 되며, 더불어 학생들이 정보를 깊이 이해하고 새로운 아이디어를 창조하도록 촉진하는 역할이 강조된다.

이 수업 방식을 도입하면서 학생들이 수업을 중도 포기하거나 탈락하는 비율이 감소하고, 학생들이 학습하게 되는 지식과 정보의 양이 증가하였다는 보고가 있다.

1990년대에 하버드의 에릭 마주르Eric Mazur 교수는 '동료교수법peer instruction'이라는 교육 모델을 개발하여 성과를 거둔 바 있다. 그는 학생들에게 자신이 제공한 강의 자료를 미리 학습해 오게 하고, 수업 시간에는 강의 대신 학생들 간의 상호협력을 통해 문제 풀이를 하는 식으로 수업을 진행하였다.

웨슬리 베이커Wesley Baker는 2000년에 teaching & learning 협회가 주관한 국제 컨퍼런스 발표에서 "역진행 수업: 웹 기반 강좌 관리 도구를 보조수단으로 사용하기The classroom flip: using web course management tools to become the guide by the side"라는 논문을 통해, 새로운 도구를 활용한 역진행 수업 사례를 소개하였다. 그 이후 이 논문은, "강단 위의 현인(賢人)sage on the stage 대신 객석의 안내자guide on the side"라는 인상적인 문구와 함께 새로운 교육 방식에 대해 논의하는 자리에서 자주 인용되었다. 그리고 이 문구는 거꾸로 수업에서 선생님의 역할을 잘 대변해 주는 표어가 되었다.

디불이 베이커는 웹 기반 수업 관리 프로그램과 온라인 웹 도구를 사용하는 역진행 수업 모델을 발표하였다. 이 모델에 따르면 온라인을 활용하여 학생들이 과제를 수행하게 하고, 교실에서 교사는 강의보다는 학생들과 함께 활동적인 학습 활동을 충분히 하도록 하고 있다.

—
**가장 효과가 적은 방법,
'교수 강의'**
—

우리나라의 경우 UNIST(울산과기대)가 2009년에 도입한 'e-Education'과 KAIST(한국과학기술원)가 2012년에 도입한 'Education 3.0 프로그램'이 역진행 수업의 적용 사례이다. 이들 프로그램 역시 학생들은 온라인 학습 플랫폼에 접속해 교수가 사전에 준비한 강의 비디오, 강의 슬라이드, 외부 동영상 등을 활용하여 개인별 진도에 맞추어 학습한다. 그리고 최소 주 1회 실시되는 강의실 수업은 온라인에서 학습한 내용을 토대로 학생과 교수, 학생과 동료 학생들이 서로 질문과 토론을 하고, 그룹을 만들어 스스로 문제를 해결하는 방식으로 진행된다.

카이스트 1학년 학생들이 자발적으로 설문 조사를 한 적이 있었다. 설문 내용은 "지난 학기에 공부할 때 가장 도움이 되었던 것이 무엇인가?"였다. 복수응답을 허용한 질문에서 가장 많은 답변은 연습 문제 풀어 보기였고, 두 번째는 교과서 보고 공부하기, 세 번째는 친구와 의논하기, 네 번째가 교수 강의였다고 한다. 복수 응답을 허용한 설문에서 '교수 강의'의 응답률은 겨우 10%밖에 되지 않았는데, 이는 결국 강의 위주의 교수법이 그리 효율적이지 못하다는 것을 말해준다.

이와 같은 설문 조사 결과를 반영하여 카이스트에서는 온라인 강의와 오프라인 수업을 병행하는 '에듀케이션 3.0'을 만들었다. 교수들은 수업 시간에 강의를 하지 않고, 학생들이 스스로 상호작용을 하며 문제를 해결하도록 하였다. 그러다 보니 고립되어 공부하는 방식에서 벗어나서, 함께 문제를 찾고 그 문제를 해결하는 방법을 배우는 효과가 생기게 되었다.

역진행 수업을 위하여 카이스트는 학생들끼리 상호작용을 많이

할 수 있도록 원탁 테이블을 배치하였다. 그리고 테이블별로 화이트
보드, 글래스보드를 하나씩 설치해서 다양한 도구를 활용한 활발한
토론을 유도하였다. 이처럼 교수나 교사의 역할은 자신이 알고 있는
것을 그대로 전달하는 것에서, 학생들이 스스로 협동하여 깨우칠 수
있도록 도와주는 코치의 역할로 바뀌고 있다.

카이스트는 2017년 4차 산업 혁명 시대의 요구에 맞게 에듀케이
션 3.0을 '에듀케이션 4.0'으로 발전시킨 프로그램을 도입하여 진행
하고 있다. KAIST가 이처럼 교육 시스템 혁신에 주력하는 이유는 대
량 교육에 최적화된 기존의 일방향적 교육 학습법이 미래 사회와 기
업이 요구하는 창의적 인재 육성에 부적합하다는 판단 때문이다. 미
국 MIT가 온라인 동영상 강의를 중심으로 자율학습 콘텐츠 확산을
주도하고 있는 등 전 세계 일류 대학들도 다각적인 교육 혁신을 모색
하고 있다.

—

**변화의 임계점에 선
우리 교육**

—

미국의 초·중등학교를 대상으로 조사
한 보고서에 의하면, 플립 러닝을 적용하
고 있는 교사가 2012년 48%에서 2014
년에는 78%로 증가하였다고 한다Sophia
& Flipped Learning Network, 2014. 대학에서는 50%의 교수들이 플립 러닝
을 이미 실행하고 있거나, 도입할 예정이라고 응답하였다. 교수들은

학생들의 학업 향상을 거꾸로 수업 도입의 주된 이유로 들고 있다 Sonicfoundry, 2014 .

실제 에듀케이션 4.0에 대한 KAIST 학생들의 반응도 매우 좋은 편이라고 한다. 설문 조사 결과, 에듀케이션 4.0 적용 교과목을 수강한 학생들은 교과 이해도와 몰입도가 다른 과목에 비해 월등히 높아졌고, 효율적인 시간 관리가 가능해졌다며 높은 만족도를 보였다. 이렇듯 거꾸로 수업은 전통적인 수업의 대안으로서 많은 교육자의 다양한 시도와 연구를 통해 발전하고 있으며, 전 세계로 확산되고 있다.

우리는 그동안 교실 붕괴나 학생이 소외된 수업을 보면서, 단순하게 학생이나 교사의 자질 문제로 인식하는 경향이 있었다. 그러나 이는 교육 환경이 급격하게 변화하고 있음에도 불구하고 여전히 과거의 방식으로 진행되는 수업 방식에 근본적 문제가 있었던 것이다.

한국에서는 거꾸로 교실이 초기 단계이지만, 미국에서는 더 이상 실험이나 연구의 대상이 아니라 검증된 교육 모델로서 실행되고 있다.

우리는 과거에 비해 지식의 수명이 점점 짧아지고 있는 평생 학습 시대를 살아가고 있다. 따라서 '배우는 방법을 배우는 것', '물고기를 잡는 방법을 배우는 법'이 더 중요해지고 있다. 거꾸로 수업은 한 과목을 효과적으로 학습하는 데에서 머물지 않고 동료들과 배움을 나누는 과정을 통해 협업 능력, 문제 해결 능력, 창의력, 소통 능력 등을 향상시킨다.

일찍이 살만 칸도 칸 아카데미를 운영하면서 전통적인 수업 방식에 의문을 제기하였고, 그에 대한 해결책으로 칸 아카데미 동영상을 활용한 거꾸로 수업을 제안하기도 하였다.

이렇게 비슷한 주장들이 여기저기서 제기되는 것은, 변화의 임계점에 우리가 서 있음을 의미한다. 이제 교사는 강단 위의 현인으로 학생들에게 지식을 설파하던 역할을 넘어서서, 객석으로 내려가 관객과 함께하는 안내자의 모습으로 바뀌어야만 한다.

거꾸로 공부 포인트

❶ 교사는 강단에서 학생들에게 지식을 일방적으로 전달하는 완벽한 현인의 모습을 버리고, 학생들이 있는 곳으로 내려가 학생들 옆에 함께해야 한다.

❷ 교사는 학생과 학생을 이어 주고, 스스로 앎을 찾아가도록 도와주는 안내자가 되어야 한다.

❸ 가정에서도 부모가 자식에게 군림하던 모습에서 벗어나, 함께 모르는 것을 찾고 서로 지식을 나누는 동료 관계를 지향해야 한다.

▼●▼
거꾸로 교실에 담긴 뜻

거꾸로 교실은 단순히 수업을 먼저 하느냐 나중에 하느냐의 문제가 아니다. 기계적이고 도식적으로 이해할 것이 아니라, 좀 더 깊이 들여다 볼 필요가 있다. 단순히 먼저 강의를 하고 수업 시간에 숙제나 심화 학습을 한다는 정도로 이해해서는 진정한 거꾸로 교실을 구현하기 어렵다. 존 버그만은 '거꾸로'라는 뜻을 가진 'FLIP'이라는 단어를 풀어서 설명한 적이 있다.

먼저 'F'는 'Flexible environment(유연한 환경)'이다. 이것은 유기적이고, 자유롭고, 변동 가능한 환경을 만드는 것이 중요하다는 것을 의미한다. 교사도 교실의 구조, 시간, 학생을 용이하게 움직일 수 있고, 다양하게 배치할 수 있어야 한다.

전통적인 수업에서 교사는 칠판에 판서를 하며 설명을 하고 칠판

쪽을 향해 앉아 있는 학생들을 마주 본다. 학생들은 선생님을 쳐다보며 강의를 듣고 필기를 하면서 내용을 이해하기 위하여 노력한다. 아니, 노력해야만 한다.

하지만 거꾸로 교실에서 교사는 더 이상 강단 위에 머무를 필요가 없다. 강단에서 내려와 학생들의 옆으로 다가가야 한다. 그리고 그들 속으로 들어가 그들과 함께해야 한다. 그러기 위해서 교실의 공간 배치도 바꿀 수 있고, 수업 시간도 다양한 프로그램으로 채울 수 있다. 그렇게 해서 교사와 학생, 학생과 학생이 소통하고 이를 통해서 창의력·문제 해결력 등을 기를 수 있게 된다.

두 번째, 'L'은 'Learning culture(배움의 문화)'를 말하는데, 이는 교실 수업이 교사의 가르침Teaching 중심에서 학생들의 배움Learning 중심으로 전환되어야 한다는 것을 의미한다.

거꾸로 교실 수업을 진행한 교사들의 말을 들어 보면, 가장 힘든 것 중 하나가 '가르치고 싶은 유혹'이라고 말한다. 사실 이것은 매우 힘든 작업이다. 만약 가르침의 유혹을 참지 못한다면 수업은 다시 과거의 강의식 수업으로 되돌아가고 말 것이고, 학생들은 배움의 중심에 서지 못하게 될 것이다. 이러한 유혹에서 벗어나기 위해서는 "아이들은 스스로 배우고 배움을 조직할 수 있다"는 수가타 미트라 교수의 조언을 항상 기억해야 한다. 아이들이 혼자서 배울 수 없다고 생각하면 교사는 과도하게 개입하려 할 것이고, 아이들은 다시 수동적인 모습으로 돌아갈 것이다.

객석의 안내자는 코치의 모습과 흡사하다. 코칭의 제1 철학은 '모든 인간은 무한한 가능성을 가지고 있다'이고, 제2 철학은 '모든 인간은 자기 안에 문제 해결 능력을 가지고 있다'이다. 그리고 '그렇게 되기 위해서는 코치의 도움이 필요하다'가 코칭의 제3 철학이다. 만일 코치가 학생의 가능성과 해결 능력을 신뢰하지 못한다면 코칭은 진행될 수 없을 것이다.

배움이 단지 선생님의 가르침Teaching을 통해서만 일어난다면 아이들의 학습 수준은 모두 비슷해야 한다. 하지만 그런 일은 결코 일어나지 않는다. 학생들은 교사가 가르친 것을 각자 다르게 받아들이기 때문이다. 그렇다면 교사는 학생이 자신의 수준과 능력에 맞게 배움으로 나아갈 수 있도록 도와주는 역할을 해야 한다. 잘 가르치면 잘 배울 것이라는 관점을 지속하는 한, 교실의 모습은 바뀌지 않을 것이다. 교실은 '가르치는 공간'이 아니라 '배우는 공간'이다.

세 번째, 'I'는 'Intentional contents(의도된 콘텐츠)'를 말한다. 교사는 사전 수업 영상을 준비할 때, '오늘은 무엇을 가르칠까?' 하는 수업의 의도를 생각하며 제작해야 한다. 사실 교사에게 수업 영상 제작은 매우 꺼려지는 일이기도 하다. 자신의 강의가 고스란히 노출된다는 것은 부담스러울 수밖에 없다. 하지만 객석으로 내려가기 위해서는 사전 수업 영상이 필요하고, 학생들이 그 내용을 보고 와야 수업이 진행될 수 있다. 동영상은 수업에 사용할 개념이 분명하고 간결하게 설명되어야 하고, 선생님의 제작 의도가 분명하게 드러나야 한다. '아, 선생님께서 무엇을 가르치려고 하시는구나.' 하고 알 수 있도록 제작해야 한다.

교사들이 사전 수업 자료를 동영상으로 제작하는 또 다른 이유는, 학생들이 디지털 문화에 친숙하다는 점이다. 하지만 이것은 스마트 기기를 이용하는 '스마트 교육'과는 다르다. 버그만이 처음 동영상 수업을 시도하였던 2007년에는 현재와 같은 스마트 기기가 없었다. 버그만이 있던 학교 학급의 약 25%의 학생들이 집에서 인터넷을 사용할 수 없는 환경이었다. 버그만은 "컴퓨터, 텔레비전 등만 있다면 수업 자료를 볼 수 있게 디브이디DVD 등을 만들어 주었다."고 설명하였다. 버그만은 효과적인 거꾸로 수업을 위해서 주변의 기기들을 활용한 것뿐이다. 핵심은 수업 운영에 대한 교사의 의도이고 철학이다.

네 번째, 'P'는 'Professional educator(전문 교육자)'이다. 버그만은 전문적인 교육자는 항상 배워야 하고, 가르치는 것에 대해 고민해야 하고, 가르치는 분야에 대해 전문성을 가져야 한다고 말한다. 또한 그는 이러한 교육자의 자질은 네트워킹을 통해 함께할 때 더욱 배가 된다고 말한다.

거꾸로 교실을 하면서 교사들은 본인의 본래 역할을 찾았다고 기뻐하고 감격해 한다. 사실 가르침teaching 중심일 때는 교사와 학생 사이에 높은 벽이 존재할 수밖에 없다. 어려움에 처한 학생을 도와주고, 단계를 잘 넘어갈 수 있도록 적절한 대응을 해 주어야 하지만 시간에 쫓겨 수업을 끝내기 일쑤이다.

그러나 교실의 배치와 수업 구조를 바꿔 '객석으로 내려간 안내자'는 더 이상 학생과 떨어져 있는 존재가 되지 않는다. 교사는 학생들의 활동에 적절하게 개입할 수 있고, 도움이 필요한 학생을 즉각적으로 도울 수 있다. 그 과정이 반복되며 수업을 성찰하게 되고, 이를 동료 교사와 더불어 나누면서 진정한 배움의 전문가가 되는 것이다.

존 버그만이 말하는 'FLIP'의 의미

❶ 'F'는 Flexible environment
유기적이고 자유롭고 변동 가능한 환경을 만드는 것이 중요하다.

❷ 'L'은 Learning culture
교실 수업이 교사의 가르침teaching 중심에서 학생들의 배움learning 중심으로 전환되어야 한다.

❸ 'I'는 Intentional contents
사전 수업 영상을 준비할 때에는 '오늘 무엇을 가르칠까?' 하는 수업의 의도를 분명하게 해야 한다.

❹ 'P'는 Professional educator
교사는 항상 배워야 하고, 어떻게 가르칠 것인가를 고민해야 하고, 전문성을 가져야 한다.

개별화된 세상에 맞는 수업은?

**다양성이 살아 있는
개별화 수업으로
변화해야 한다**

세상은 변화하고 있다. 예전에는 정보를 얻기 위해서 교과서와 도서관, 교사의 머릿속을 찾아가야 했다. 하지만 지금은 손안에 있는 스마트폰으로 언제든지 정보를 찾을 수 있는 시대가 되었다. 정보에 접근할 수 있는 통로가 작아서 소수만이 지식과 정보를 독점하였던 과거에 비해서, 이제는 누구라도 정보에 접근할 수 있고 나아가 새로운 지식과 기술을 생산해 낼 수 있게 되었다.

《우주를 느끼는 시간》을 쓴 티모시 페리스Timothy Ferris 는 자신의 책에서 학습에 관한 매우 흥미진진한 이야기를 하였다. 그는 책에서 "우주의 신비는 과거에는 몇몇의 전문가들에게만 겨우 알려졌다. 그러나 이제는 호기심 많고, 동기 부여가 된 관찰자들이 쉽게 접근할 수 있게 되어 아마추어가 천문학계를 휩쓸고 있다."라고 적고 있다. 과거에는 천문학계가 전문가만의 영역이었는데, 이제는 관심과 도전 의식이 있는 사람들이라면 누구든 참여하여 성과를 거둘 수 있는 시대가 되었다는 것이다.

세상은 다양한 관심을 가진 사람들로 충만하다. 다양한 정보로의 접근 가능성은 개인의 다양성을 증가시키고, 관심 분야의 확대를 촉진하고 있다. 선택의 폭 역시 확대되고 있다. 좀 다른 이야기일 수 있지만, 옛날에는 커피숍에서 선택할 수 있는 커피의 종류가 한두 가지 뿐이었다. 크림이 있는 것과 없는 것, 설탕이 있는 것과 없는 것 정도. 하지만 지금 커피숍에는 수십 가지의 선택지가 있다. 개인의 취향에 맞추어 선택의 폭이 넓어진 것이다. 이처럼 세상은 개인화가 가능한 시대가 되었다. 사교육 시장에서 학생들은 예전에는 대부분 대형 학원을 선호하였지만, 이제는 학생의 특성을 고려한 개별 수업이 가능한 곳을 찾고 있다.

학교 수업도 획일적인 대중 수업에서, 다양성이 살아 있는 개별화 수업으로 변화해야 한다. 거꾸로 수업은 이러한 흐름의 반영이며, 각 학생이 개인화할 수 있는 기회를 제공한다. 존 버그만은 그의 첫 책인 《당신의 수업을 뒤집어라Flip Your Classroom》의 부제목을 "매일, 모든 수업에서 모든 학생에게 다가간다Reach Every Student in Every Class Every Day"라고 정하였다. 기존의 수업 방식들과 달리, 모든 학생들에게 개별적으로 다가간다는 것을 의미한다. 그가 부제목을 이렇게 정한 이유는 학생들의 개별성이 그만큼 중요하다는 것이고, 또 개별성의 실현이 가능하다고 생각하였기 때문이다.

——
선생님,
강의를 멈춰 주세요
——

그동안 개별 맞춤형 수업은, 필요하지만 현실에서는 불가능한 이상적인 수업으로 간주되었다. 살만 칸이 지적하였듯이 아이들은 각자의 속도로 배운다. 개념이 이해되지 않을 때 학생은 잠시 멈추고 생각할 여유를 갖고 싶을 것이다. 그런데 전통적 수업에서 학생에게 그런 시간은 허락되지 않는다. 만약 학생이 "생각할 시간이 좀 필요하니 선생님, 강의를 멈춰 주세요!"라고 말한다면 어떤 일이 벌어질까? 전통적인 교실에서 이러한 광경을 보는 것은 어려운 일이고, 누구도 이러한 시도를 하기 꺼려한다. 교사도 학생들의 개별적인 상태를 알기 어려우며, 또 다른 학생의 입장을 고려하지 않고 수업을 정지시킬 수는 없는 노릇이다.

하지만 교실을 뒤집는다면 이야기가 달라진다. (선생님이 만든) 동영상으로 학습하고 있는 학생은 자신의 상황에 맞추어 언제든지 정지 버튼을 누르고 잠시 생각할 수도 있고, 자료를 찾아볼 수도 있다. 그리고 이해되지 않는 부분은 반복해서 볼 수도 있다.

거꾸로 교실의 수업 시간은 어떤가? 수업은 강의 중심이 아니라 활동 중심으로 이루어져 활동 과제를 친구들과 함께 해결해 나간다. 그러다가 잘 모르는 부분은 친구나 교사의 도움으로 해결할 수 있다. 교사는 학생의 문제를 즉각 파악할 수 있어 그것을 수업에 반영할 수 있다. 교사가 학생들과의 스킨십을 통하여 무엇을 도와주어야 하는지 알 수 있게 된 것이다. 다양한 학생들의 수준에 따라 교사의 응대가 가능해져 개별 수업의 효과를 거둘 수 있게 된다.

학생들은 같은 주제를 다루고 있더라도 접근하는 방식이 각양각색이다. 과거의 획일적 수업에서는 학생들이 해야 할 생각과 정리해야 할 범위가 정해져 있었다. 교사가 정해 주는 범위 안에서 생각하고 탐구하였다. 반면, 거꾸로 수업에서 학생들은 심화 학습과 프로젝트 수업 등을 통해 다양한 방식으로 자신의 관심을 표현할 수 있게 되었다. 한 권의 책을 읽고 어떤 학생은 그 책을 주제로 노래를 작곡할 수도 있고 그림을 그릴 수도 있다. 어떤 학생은 비평문을 쓸 수도 있다. 또 다른 학생은 친구가 작곡한 노래를 악기로 연주할 수도 있다.

최근 학교에서는 진로 교육에 대한 관심이 높아지고 있다. 진로 탐색과 설계를 통해 아이들의 학습 동기가 향상되고, 자아 정체성 형성이 촉진되는 효과를 거두고 있는 것이 사실이다. 그렇지만 진로 교육을 따로 실시하기에는 비용 등 여러 가지 고려할 것들이 많다. 그런데 거꾸로 수업을 하면 공부와 진로의 두 마리 토끼를 잡을 수 있다. 거꾸로 수업은 아이들의 개인적인 관심과 흥미를 반영하는, 즉 진로를 탐색하는 일과 밀접한 관계가 있기 때문이다.

거꾸로 교실은 플랫폼

면대면 수업 시간을
어떻게
사용할 것인가?

2014년 방영된 KBS 파노라마 〈거꾸로 교실의 마법〉은 과거에는 수업 시간에 졸거나 집중을 잘 하지 못하였던 학생들이, 활동 중심, 협력 학습 중심, 프로젝트 중심 등의 형태로 수업이 진행되자, 적극적으로 수업 활동에 몰입하고 참여하는 모습을 보여 주었다. 이러한 수업 참여도와 몰입도의 개선은 학생들의 성적 향상으로 이어졌다. 이 실험에 참여한 교사들의 학급은 한 학기 만에 85%에 해당하는 학생들의 시험 점수가 향상되었다고 한다. 그중에서도 특히 학업 성적이 하위권이었던 학생들이 아주 큰 폭으로 향상되었다. 학생들의 수업 참여도가 높아지자 그에 비례하여 학업 성취도도 높아진 것이다.

그렇다면 거꾸로 교실이 추구하는 면대면face-to-face 개별 수업의 본질을 추구하기 위해서 교사가 역점을 두어야 할 것은 무엇일까?

"'거꾸로 교실'에서 가장 중요한 것은 비디오가 아닙니다. 가장 중요한 질문은 '면대면 수업 시간을 어떻게 사용할 것인가?' 하는 것입니다."

이와 같은 존 버그만의 주장처럼 거꾸로 교실에서 중요한 것은 수업 시간에 학생과의 면대면 시간을 어떻게 극대화할지 고민하고, 학생들이 상호작용을 할 수 있는 시간을 늘리는 것이다. 그러나 교사가 여전히 가르침의 유혹을 벗어나지 못한다면 면대면 수업의 기회는 줄어들 것이다.

교사가 가르치려는 유혹에서 벗어나기 어려운 이유가 "학생들에게 분명히 '가르칠 것'이 있으며, 수업은 그것을 통하여 달성하려는 분명한 목적과 교육 내용이 있기 때문"이라고 주장하기도 한다. 이는 넓게 해석하면 타당한 주장이기는 하지만, 거꾸로 교실은 학생들을 '배움의 마당'으로 초대하여 그 과정을 함께 나누는 것에 더 의미를 둔다.

배워야 할 내용은 배움의 마당에서 학생의 수준과 요구에 맞게 좀 더 개별화되고, 계획하지 못한 방향으로 갈 수도 있다. 쉽게 말해서, 얼마든지 옆길로 좀 샐 수도 있다는 것이다. 옆길로 샌다고 해서 배움이 일어나지 않는 것은 아니다. (옆길로 새는 수업 방식은 4장의 하시모토 선생님의 사례에 자세히 설명되어 있다.) 결론적으로 거꾸로 교실은 다양하고 창의적인 배움이 여기저기서 일어나도록 하는 열린 시스템이거나 플랫폼이 되어야 한다.

거꾸로 교실은 어떻게 플랫폼이 되는가?

최근 플랫폼Platform에 대한 관심이 고조되고 있다. 플랫폼에 대한 사전적 의미는 본래 '기차역의 승강장 또는 무대, 강단'등이었으나, 그 의미가 확대되어 '특정 장치나 시스템 등에서 이를 구성하는 기초가 되는 틀이나 골격'으로 쓰이고 있다.

《플랫폼 전쟁》의 저자인 조용호는 플랫폼을 "빈 공간 혹은 그릇과 같다"며 "채울 내용물들을 연결 구조를 통해 유입 받는 구조"라고 표현하였다. 경제적 관점에서 보면 기차역의 승강장이 '사람을 기차에 태우는 공간'이듯이 플랫폼은 '하나의 서비스나 하드웨어를 또 다른 서비스나 하드웨어 산업과 연결하는 매개체 혹은 소비자와 서비스를 연결하는 접점'이라고 볼 수 있다. 최근 산업에서 강조되는 플랫폼은 특히 '개방성'을 중요하게 여긴다. 그래야 제3의 사업자나 소비자가 쉽게 접근하고 참여할 수 있다.

이러한 개방성을 바탕으로 플랫폼은 '연결'하고 '공유'한다. 애플의 앱 스토어, 구글 플레이, 페이스북과 아마존도 모두 플랫폼 범주에 속한다. 연결된 사람이 있고, 공유하는 서비스가 있기 때문이다.

플랫폼 형태의 비즈니스 모델이 활성화되면서 플랫폼은 기업 경쟁력에서 빼놓을 수 없는 중요 요소가 되고 있다. 국민 게임으로 불린 '애니팡'은 2009년에 PC 버전으로 출시되었을 때에는 별다른 관심을 받지 못하였다. 그러나 2012년 모바일 버전을 카카오톡을 통해 선보인 뒤, 약 한 달 만에 천만 다운로드를 달성하였다. 콘텐츠가 좋아도 적당한 플랫폼을 만나지 못하면 성공할 수 없다는 것을 보여 주는 좋은 사례이다. 이처럼 소비자가 만족할 수 있는 준비된 콘텐츠와 사용자를 연결해 주는 플랫폼이 만나면 거대한 변화를 일으킬 수 있다.

새로운 개념의 플랫폼은 의식하지 못하는 사이에 이미 우리 일상에 깊이 들어와 있다. 컴퓨터를 사용하기 위한 운영체계os 와 응용 프로그램, 정보 검색을 위해 사용하는 포털 사이트, 친구나 지인을 직접 만나지 않고도 소식을 전하고 확인할 수 있는 소셜 네트워크 서비스 SNS 등이 모두 플랫폼이다. 우리는 이처럼 다양한 플랫폼 위에서 일을 하고, 친구를 만나고, 취미 생활을 하고, 경제 생활을 하고 있다.

현재 시장에서 성공하는 플랫폼들은 쌍방향으로 운영되는 특징이 있다. 예전의 플랫폼은 단방향이었다. 이전의 플랫폼 사용자는 자신이 원하는 행선지로 기차를 타고 가거나 필요한 물건을 구매하는 데 그쳤다. 하지만 현재 플랫폼 이용자는 그곳에서 '소비'에 그치지 않고 '참여'를 한다. 사용자의 '참여도'가 높을수록 그 플랫폼은 활성화되는 것이다.

전통적인 교실은 학생이 교사의 강의를 소비하는 단방향의 모형이었다면, 거꾸로 교실은 학생과 교사 또는 학생과 학생이 교실이라는 빈 그릇 안에서 서로 연결하고 공유하고 참여하여 새로운 것들을 창조하고 생산하는 쌍방향 모형이다.

교실이라는 플랫폼에서 학생들은 자신의 지식 앱을 개발하여 교실마당(플랫폼)에 참여한 다른 친구들과 자신의 앱을 공유하고 활용하며 지식을 빠르게 주고받는다. 이러한 공간에서 어떤 지식과 정보가 유통될지 교사도 예측하기 어렵다. 전통적인 수업에서는 교사가 그것을 정하고 제한하였기 때문에 충분히 예측이 가능하였다. 하지만 그만큼 학생들의 적극적인 참여를 이끌어내는 것은 불가능하였다.

플랫폼의 가장 큰 특징이 개방성에 있듯이, 다양한 의견이 분출되고 호기심에 바탕을 둔 질문과 창조적 발상이 용인되는 분위기를 만들어 간다면 학생들의 자발적인 참여는 더욱 늘어나게 될 것이다. 그렇지 않고 권위적인 분위기에서 일방적인 지식을 전달만 하는 강의 방식을 고수하고 학생의 참여와 소통을 제한한다면, 플랫폼의 기능을 상실한 교실은 결국 학생들로부터 외면당하게 될 것이다.

이러한 때에 교사가 플랫폼으로 사람들이 모여들 수 있도록 여건을 마련하여 학생들의 배움이 폭발할 수 있도록 돕는다면, 교사로서의 보람을 찾을 수 있을 것이다. 학생들이 수업의 '소비자'가 아닌 '생산자'라는 관점으로의 전환이 필요하다.

거꾸로 공부 포인트

❶ 학생들은 함께 공부할 때 더 잘 배운다.

❷ 배움의 폭발이 일어날 수 있도록 다양한 플랫폼을 학생들에게 제공하여 주는 것이 좋다.

❸ 거꾸로 수업은 좋은 플랫폼이 될 수 있다.

하브루타 수업을 흡수하다

'조용한 공부방' vs '말하는 공부방'

거꾸로 교실은 유대인들이 토라나 탈무드를 공부하면서 '짝지어 토론하고 논쟁하고 대화하는 것'을 의미하는 '하브루타'를 구현해 낸다. 다른 사람에게 설명하면 혼자 공부하는 것보다 사고가 명확해지고, 배운 내용을 더 잘 기억한다는 것이 핵심이다.

하브루타는 탈무드를 공부할 때 함께 토론하는 짝, 즉 파트너를 일컫는 것으로, 최근에는 '짝을 지어 질문하고 토론하는 교육 방법'을 뜻하는 말로 확대 사용되고 있다.

EBS에서 이와 관련된 실험이 소개된 적이 있다. 대학생을 8명씩 두 그룹으로 나누어 서로 다른 방식으로 서양사의 한 부분을 공부하게 하고 테스트를 받게 하였다. 한 그룹은 혼자 조용히 공부하는 '조용한 공부방'에서, 다른 한 그룹은 짝을 지어 시끄럽게 떠들며 서로에게 물어보며 공부하는 '말하는 공부방'에서 학습하게 하였다. 3시간 뒤 단답형 5문제, 수능형 5문제, 서술형 5문제로 1시간 동안 시험을 본 결과, 말하는 공부방에서 학습하였던 학생들이 모든 문제에서 2배에 가까운 점수를 받으면서 '조용한 공부방' 그룹을 압도하였다.

최고의 뇌로 만드는, 하브루타

물론 학교에서 우등생으로 주목받는 학생들 중에는 혼자서 조용히 공부하는 스타일이 많다. 그러다 보니 조용히 공부하는 것이 권장되고 있는 것이 사실이다. 하지만 우등생들의 공부 방법을 살펴보면, 하브루타식 '말하는 공부법'을 응용하는 경우도 많다. 남을 가르친다고 상상하면서 혼잣말로 이야기해 본다든지, 노트에 필기하고 정리하면서 자신에게 설명해 본다든지, 남을 가르치는 대신 기억한 내용을 출력해서 적어 본다든지, 연상해서 떠올려 보는 등 다양한 방법으로 진행한다. 다른 사람과 짝을 지어서 할 수 없기 때문에 이와 같이 자기만의 방식을 개발해서 공부하는 것을 볼 수 있다. 이 학생들은 우연한 계기로 이러한 방법들을 알게 되었고 그것을 더욱 발전시켰을 것이다.

말하는 공부법이 조용한 공부법보다 효과가 좋다는 사실은 미국 버지니아의 연구기관인 NTLNational Training Laboratories 의 '학습 피라미드 learning pyramid'를 보면 더욱 확실하게 알 수 있다. 학습 피라미드는 여러 가지 방법으로 공부한 다음에 24시간 후 기억에 남아 있는 비율을 피라미드로 나타낸 것이다. 이 피라미드를 보면 강의 듣기는 5%, 읽기는 10%, 시청각 수업 듣기는 20%, 시범 강의 보기나 현장 견학은 30%이다. 그런데 토론은 50%, 실제 해 보는 것은 75%, 다른 사람을 가르치는 것은 90%이다. 학교나 학원에서 교사에게 강의를 듣고 하루가 지나면 학생의 머릿속에 남는 지식은 5% 정도밖에 되지 않는 것이다.

학습 피라미드에 의하면 강의식 수업은 가장 효과가 낮다. 가장 효율이 낮은 방식으로 수업을 진행하다 보니 당연히 학생들이 흥미를 느끼지 못하고 무기력해질 수밖에 없다. 자료에 의하면 친구를 가르치는 공부는 강의를 듣는 공부보다 18배의 효율성을 갖는다. 따라서 수업을 수동적으로 듣기만 하는 방식이 아니라, 50% 이상 효과가 있는 토론이나 다른 사람 가르치기 방식 등을 적절히 활용하는 능동적인 참여 형식으로 바꾸어야 한다.

가정에서도 부모가 아이를 가르치려고 하지 말고 아이에게 부모를 가르치라고 '거꾸로 뒤집으면', 학습 동기가 올라가고 학업 성취도도 향상될 수 있다. 부모가 아이에게 공부를 가르치면 부모는 설명해야 하므로 열심히 생각하게 된다. 본인이 이해되지 않으면 설명할 수 없기 때문에 최대한 이해하려 노력한다. 부모의 두뇌 가동률이 급격하게 올라가는 것이다. 그런데 수동적으로 앉아 있는 자녀는 부모가 자기 대신에 열심히 생각을 해 주기 때문에 노력할 필요를 못 느낀다. 아이를 공부시키려다 공연히 부모만 공부한 꼴이 되는 것이다.

이러한 모습은 교실에서도 종종 볼 수 있다. 따라서 서로가 가르치고 설명하는 하브루타 공부법이 교실 안에서 구현될 수 있도록 여건을 만드는 것이 매우 중요하다.

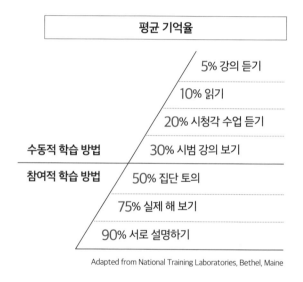

Adapted from National Training Laboratories, Bethel, Maine

학습 피라미드 : 여러 방법으로 공부하고 24시간 후에 남아 있는 비율을 따라 나타낸 것이다.

그런데 하브루타식의 공부가 최고의 뇌를 만들 수 있는 이유는 논쟁과 토론을 통하여 뇌를 격렬하게 사용하기 때문이기도 하지만, 이 공부는 학습 목표를 정해서 하는 것보다는 자유롭게 사고할 수 있는 길이 열려 있기 때문이다. 기존 수업에서는 학습의 목표가 정해지고, 그 목표를 위해 교사가 수업을 진행하고, 배운 것에 대한 평가가 이루어진다. 그 과정에서 답이 분명한 것들이 시험에 출제되기 때문에 공부하는 학생은 거기에 맞추어 공부를 하게 된다. 당연히 학생은 수동적일 수밖에 없다.

따라서 능동적인 수업 방식이 거꾸로 교실에서 구현되기 위해서는 수업 주제와는 거리가 있더라도 옆길로 샐 수 있는 여지를 남겨 두고 토론과 토의가 진행되어야 할 것이다(옆길로 새는 수업 방식은 4장에서 자세히 설명). 그래서 수업이 플랫폼과 같이 되어야 하고, 학생들을 배움으로 초대하는 형식이 되어야 한다는 것이다. 그리고 미트라 교수의 SOLE처럼 학생들도 학습 목표나 주제를 정할 수 있는 구조가 되어야 한다. 그래야 수업 끝날 때까지 학습 동기가 유지되면서 흥미진진하게 수업이 진행될 수 있다. 또 학생이 공부한 내용을 다양한 방식으로 결과물을 만들어 내도록 확대되어야 한다(결과물 만드는 방향은 5장 참조).

유대인들의 교육 방식에서 주목받는 것 중 하나가 '질문'이다. 항상 아이들에게 질문하라고 격려하고, 질문을 할 경우 적극적으로 칭찬을 해 준다. 하브루타에서도 당연히 질문이 중시된다. 서로 자신의 짝에게 질문하고 답하기를 주저하지 않는다. 이처럼 질문을 하는 공부는 아이들이 태어날 때부터 누구나 가지고 있는 '천재성'을 키워 주는 탁월한 기술이다. 거꾸로 교실에서는 수많은 질문과 대답이 오고가야 한다. 아이들은 질문을 주고받으면서 생각이 예리해지고, 사고력이 폭발하게 된다.

효율적인 공부 방식은?

우리나라 학생들보다 공부에 투자한 시간이 적으면서도 학업 성취도에서 좋은 성과를 거두는 나라의 학생들을 보면, 그들의 공부 방식이 효율적이라는 것을 발견할 수 있다. 우리는 강의와 설명을 많이 듣고 읽으면서 외우는 공부가 대부분이지만, 그들은 직접 해보거나, 친구와 논쟁하고 토론하거나, 서로를 가르치면서 공부를 한다. 거꾸로 교실은 이들의 수업 방식과 비슷한 면이 있다.

거꾸로 교실은 수동적 학습 방법이 아닌 참여형 학습 방법을 구현하는 시스템이다. 서로 설명하거나, 직접 해 보거나, 집단 토의를 통해 앎을 정교하게 하고 깨달음을 체험하여 배움을 즐기도록 이끈다. 그런데 보통의 전통적인 강의 수업은 이러한 참여형 수업을 만들기 어려운 구조였다. 물론 토론 학습이나 협동 학습, 프로젝트 수업 등을 일부 진행하고 있기는 하지만, 이러한 참여형 수업이 더욱 확대되어야 한다. 그래야 건강한 플랫폼이 구축될 수 있다.

토론식 참여형 수업에서는 다양한 활동을 병행할 수 있다. 토론뿐만 아니라 손을 쓰는 등 직접 몸을 움직이는 활동을 하면 학생들은 수업에 더욱 집중하게 된다.

《더 핸드》라는 책을 쓴 캘리포니아대 의대의 프랭크 윌슨 교수는 "진정한 지식은 순수한 사고에서 오는 것이 아니라 외부 세계의 적극적인 조작, 즉 행동과 감성의 결합에 의해 만들어진다."고 강조한다. 따라서 "손으로 정교하게 조작하는 기회가 많아지도록 교육 환경을 개선해야 한다는 것"이 그의 주장이다.

그것을 뒷받침하는 것으로 펜필드의 '호문쿨루스'를 예로 들 수 있다. 1940~1950년대 캐나다의 뛰어난 신경외과 의사였던 펜필드는 살아 있는 사람의 뇌를 연구하여 호문쿨루스라는 지도를 만들었다. 호문쿨루스는 라틴어로 '작은 사람'을 뜻하며, 중세 시대에는 '요정'을 뜻하는 단어였다.

호문쿨루스

펜필드의 호문쿨루스는 인간의 대뇌와 신체 각 부분 간의 연관성을 밝힌 지도이다. 대뇌피질이 위치별로 받아들이는 신체 감각이 다른데, 대뇌피질의 비율을 참고로 하여 인체의 모습을 한눈에 볼 수 있도록 구성하였다. 각 신체 부분을 담당하는 뇌 부위의 크기에 따라 그려 낸 모형이기 때문에 원래 인간의 모습과는 많이 다르다.

호문쿨루스를 보면 손과 입 부분이 가장 크게 그려져 있다. 우리 몸 중 뇌에서 나온 신경들이 집중되어 있는 곳은 손과 입 주변이라는 것이다. 다시 말해 손과 입을 쓴다는 것은 곧 뇌를 쓴다는 말이다. 손과 입을 쓰면서 하는 공부는 뇌를 활성화시키고 공부 효율을 높여 준다.

미트라 교수의 '벽 속의 구멍Hole in the wall' 실험에서 아이들이 서로에게 질문하고 손으로 컴퓨터를 다루면서 배우고 익혔듯이, 그러한 자연스러움이 우리의 교실 안에서도 최대한 구현되었으면 좋겠다.

ICT 활용과 디지털 학습

거꾸로 수업에서 논쟁이 되는 문제 중 하나가 '동영상 제작'에 대한 것이다. 꼭 동영상을 만들어야 하는가? 인터넷에 올라와 있는 다른 사람의 동영상을 쓰면 안 되는가? 이 부분에서 존 버그만과 살만 칸의 의견은 엇갈린다.

버그만은 수업을 하는 선생님이 동영상을 직접 만들어야 한다고 주장한다. 왜냐하면 가르치는 것은 학생들과의 관계가 중요하다고 생각하기 때문이다. 좋은 교수법은 '관계'에서 시작하고, 선생님이 비디오를 만드는 노력을 보여 주고 그것을 학생들이 느낄 때 마법같은 일이 일어나게 된다는 것이다.

"아담이라는 선생님이 인터넷에 있는 비디오를 활용하여 거꾸로 교실을 진행하는데, 잘 진행되지 않는다고 이야기하였습니다. 그는 영상에서 누가 가르치든 그게 무슨 상관이냐고 하였지만, 저는 당신 스스로 비디오를 만들어야 한다고 이야기했습니다. 그는 권유를 받아들여 직접 비디오를 만들었습니다. 5개월 후 만났을 때 전에는 40~50%의 학생이 비디오를 보고 왔는데, 선생님 본인이 직접 만든 비디오는 학생 100%가 보고 왔다는 이야기를 하였습니다."

그런데 칸 아카데미의 동영상을 수업에 활용하였던 선생님은 동영상을 직접 제작하지 않았다. 그 대신 수업에서 학생들이 활동할 내용에 대해 충실하게 준비하였다. 덕분에 학생들을 배움의 장으로 잘 초대할 수 있었고, 관계도 좋아졌다. 그래서 이것은 선택의 문제라고 볼 수 있다. 선생님이 직접 동영상을 만들 수도, 다른 강의를 활용할 수도 있다. 중요한 것은 '수업 시간에 어떻게 학생들과 배움의 장을 펼칠 것인가?' 하는 점이다.

'국어'나 '역사' 과목처럼 텍스트를 읽고 기본 지식을 습득해야 하는 과목에는 거꾸로 수업법을 적용하기 어렵다는 오해도 있다. 하지만 버그만은 "강의의 특성에 따라 활동 수업과 강의식 수업을 적절히 조율하는 것이 가능하다"며, "핵심은 학생들이 교사에게 효율적으로 도움 받을 수 있도록 교사 스스로 변화하는 것"이라고 하였다.

'수학', '과학' 등 원리 이해가 필요한 과목들은 거꾸로 수업이 상대적으로 용이하다. 일반적으로 학생들은 수학·과학을 공부할 때 학교에서 원리를 배우고, 집에 가서 원리를 응용한 문제를 풀었다. 하지만 거꾸로 수업에서는 집에서 동영상으로 원리를 배우고, 학교에 와서는 교사, 친구들과 함께 좀 더 난이도 있는 문제 해결 학습을 한다. 어렵거나 모르는 부분은 바로바로 질문하거나 토론하면서 해결한다.

동영상의 길이도 중요하다. 칸 아카데미의 동영상 길이는 대체로 10분 내외이다. 거꾸로 교실의 동영상도 5~7분 정도면 적당할 것이다. 너무 짧은 것이 아니냐고 묻는 사람도 있는데, 학습자가 집중하는 시간이 길지 않다는 사실을 먼저 기억해야 한다.

그리고 비록 5분짜리 동영상이라 하더라도 학생이 그것을 완전히 소화하는 데는 30분 정도가 걸릴 수도 있다. 이해가 안 되면 여러 번 반복해야 하고, 생각하기 위해 멈추어야 하는 경우도 있기 때문이다. 영상의 길이는 5분이지만 학습자가 그 영상을 보며 이해하는 데 들이는 시간은 그보다 훨씬 길다는 사실을 잊지 말아야 한다.

—
디지털 기기를 적극적으로 활용할 수 있도록 도와주라
—

2010년 10월 오바마 대통령은 실리콘 밸리를 방문한다. 이때 스티브 잡스는 오바마와 미팅을 하게 되었고 주저 없이 자신의 의견을 말하였다. 특히 교육 부문에 대해서는 다분히 공격적으로 의견을 피력하였다. 그는 미국의 교육 시스템이 속수무책으로 낡았으며, 교사들은 공장 조립 라인의 노동자처럼 대우받을 것이 아니라 전문직으로 대우를 받아야 한다고 하였다. 더불어 미국의 교실에서 여전히 교사가 칠판 앞에 서서 교과서를 사용하는 방식으로 수업이 이루어지는 것은 말도 안 된다며, 모든 책과 학습 교재와 평가는 디지털을 이용한 쌍방향의 학생별 맞춤 형태가 되어야 하고, 실시간 피드백도 제공되어야 한다고 주장하였다.

잡스의 주장대로 거꾸로 교실 수업에서는 칠판 앞에 서서 교과서를 설명하는 방식의 수업은 사라지고 있다. 디지털 기기는 학생과 교사 간의 쌍방향 소통을 촉진시킨다.

거꾸로 교실에 참여한 학생들의 변화 중 주목할 것은, 스마트폰과 컴퓨터를 활용하는 방식의 변화이다. 이전에는 이 기기들을 게임 등의 놀이를 위하여 주로 사용하였는데, 거꾸로 수업 이후에는 동영상 강의를 듣거나 자료를 검색하는 데 사용하는 비중이 높아졌다. 달라진 수업 방식으로 인해 학생들이 재미와 성취감을 느끼게 되면서, 게임과 같은 말초적인 흥미에 관심이 줄어든 것이다. 청소년들의 게임 중독이 사회적으로 큰 이슈가 되고 있는 요즘에 이러한 사실은, 거꾸로 교실이 주는 또 하나의 긍정적이며 희망적인 메시지가 아닐 수 없다.

테크놀로지를 활용한 동영상 강의들이 일반적인 선입견과는 다르게, 인간적인 관계의 질을 향상시킬 수 있다는 점에도 주목해야 한다.

디지털 기기는 중독의 위험이 있으므로 통제하고 관리해야 한다는 생각 때문에 부모들은 되도록 디지털 기기와 자녀를 분리하려고 애쓴다. 하지만 아무리 애를 써도 아이들은 휴대폰에서 손을 떼지 않는다. 그들은 태어날 때부터 디지털 기기와 함께 생활해 온 신인류이기 때문이다. 따라서 디지털 기기를 무조건 금지하기보다는 좀 더 효과적으로 그것을 활용할 수 있도록 이끌어 주어야 한다.

거꾸로 수업에서 동영상을 미리 보거나 반복 시청을 하고, 수업 시간에 궁금한 내용을 검색하고, 프로젝트를 수행하기 위해 인터넷을 사용하고, 결과물로 UCC를 제작하는 등 수시로 인터넷과 디지털 기기를 활용하다 보면 유익하게 이용하는 방법을 자연스럽게 터득하게 된다. 또 디지털 기기를 활용한 다양한 활동을 함께하면서 학생들은 동료 간에 더욱 친밀한 관계를 형성할 수 있다.

지금 인터넷은 학습을 위한 가장 훌륭한 도구가 되었다. 이를 사용하여 다양한 지적 창조물을 만들어 낼 수 있다. 거꾸로 수업에 디지털 기기를 적극 활용하자. 가정에서도 아이들이 디지털 기기를 적극적으로 활용할 수 있도록 도와주자.

학생 목소리로 수업 채우기

**학생을 바라보는
관점을 디자인하라**

거꾸로 수업의 핵심은 "교사의 강의를 수업 밖으로 빼내서 교사가 수업을 주도할 수 없는 구조를 만드는 것"이다. 그렇게 해야만 교실을 학생들의 목소리로 채울 수 있다.

버그만은 "'학생들과 마주하는 시간을 가장 잘 활용하는 방법은 무엇일까?'라는 질문을 끊임없이 하다 보면 학생들의 목소리로 교실을 채우는 방법을 발견하게 될 것"이라고 말한다.

거꾸로 수업은 교사에게는 대단한 도전이 아닐 수 없다. 지금까지 수업 시간에 해 오던 것(강의)을 최대한 줄여야 하고, 그것 대신 다른 프로그램으로 대체해야 하기 때문이다. 게다가 거꾸로 수업은 강의를 준비할 때 전통적인 수업보다 훨씬 더 많은 것들을 준비해야 하고,

때로는 리허설까지 해 봐야 하므로 몇 배의 시간과 노력이 필요하다. 거꾸로 수업은 선생님마다 다양하게 자신만의 색깔로 진행하는 것이 가능하다. 그렇기 때문에 수업을 한 뒤 피드백을 하면서 스스로 발전시켜 나가려는 노력이 중요하다.

거꾸로 수업에 대해 이야기할 때 '매뉴얼'을 달라고 말하는 분들이 있다. 매뉴얼대로 하면 쉽게 거꾸로 수업을 할 수 있지 않겠느냐는 것이다. 마치 학습 코칭을 처음 배우는 사람이 매뉴얼이 있으면 코칭을 쉽게 할 수 있을 거라고 생각하는 것과 비슷하다.

코칭을 처음 배울 때는 매뉴얼에 의해 배우지만, 막상 직접 코칭을 하려고 하면 매뉴얼대로 되지 않는다는 것을 알게 된다. 매뉴얼이 별로 소용없다는 것을 알고 포기하는 사람도 있고, 코칭의 원리에 따라 나름의 매뉴얼을 여러 개 만들어 사용하는 사람도 있다. 그리고 어느 정도 감을 잡게 되면 매뉴얼 없이도 자유자재로 코칭을 해 나가는 것을 볼 수 있다.

거꾸로 수업도 마찬가지이다. 누가 어떤 방식으로 수업하였는지 알아보고 따라 해야겠다는 마음을 갖는 순간, 수업은 실패로 돌아갈 확률이 높다. 왜냐하면 수업에서는 학생이 주인이고 학생들이 스스로 만들어 갈 수 있도록 함께하는 사람이 교사인데, 지금 수업과는 전혀 상관없는 다른 선생님의 수업을 벤치마킹 하려 하였기 때문이다. 코칭을 할 때는 코칭을 받을 사람이 기준이 된다. 코칭을 받을 사람이 바뀌면 코칭의 형식과 내용도 달라진다. 따라서 거꾸로 수업을 준비할 때는 우선 수업할 학생들을 기준으로 하여 준비해야 한다. 그들의 힘과 능력을 믿고, 그들이 자신의 목소리를 최대한 자신 있게 낼 수 있도록 안내해야 한다.

1,000명의 선생님이 1,000개의 수업을 하면 1,000가지의 거꾸로 수업이 나올 수밖에 없다. 그래서 이미 거꾸로 수업을 해 본 선생님은 "처음에는 감이 잘 안 잡히지만 한 번만 제대로 해 보면 금방 알 수 있습니다."라고 말하는 것이다.

가르치는 사람의 철학과 마인드가 바뀌는 것이 제일 중요하다. 거꾸로 교실은 수업의 형식을 바꾸는 것이 아니라 수업을 바라보는 학생과 교사의 근본적인 관점의 변화를 요구하고 있다.

미트라 교수가 학생들이 참여하는 능동적인 수업을 할 수 있었던 것도 '학생들이 스스로 배우고, 그 배움을 조직화할 수 있는 능력을 가지고 있다.'는 믿음과 철학 때문이 아니었던가?

따라서 학생들의 능력을 불신하거나 교사보다 지능이 더 낮으므로 가르쳐 주어야만 한다는 생각을 가지고 바라본다면, 아무리 수업의 형식을 바꾼들 학생들은 자신의 무궁한 가능성을 펼치기 어려울 것이다.

반면에 '학생들은 무궁한 가능성과 충분한 지능을 갖춘 사람들로서, 적절한 계기만 주어진다면 교사보다 더 잘 배우고 익힐 수 있다.'라는 관점으로 학생과 수업을 바라본다면 다양한 수업의 형태들이 생각나고 많은 아이디어가 떠오를 것이다. 그런데 관점의 전환은 그리 쉽게 이루어지지 않는다. 아마도 거꾸로 수업을 가로막는 최대의 적은 학생의 능력과 지능을 불신하는 교사 자신의 고정 관념이 아닐까 싶다.

거꾸로 수업을 처음 해 보면 학생들이 동영상을 보지 않고 오거나, 모둠 시간에 아무것도 하지 않고 멍하게 있거나, 친구와 잡담을 하거나, 잘하는 학생이 한 활동지를 보고 베끼는 등의 부작용이 있을 수 있다. 그러한 일이 몇 번 반복되다 보면 차라리 옛날 강의식 수업이 더 낫다는 생각에 과거 방식으로 되돌아갈 수도 있다. 학생들도 그동안 수동식 학습에 길들어 있다 보니 과도기를 겪을 수밖에 없는 것이다. 아무런 진통 없이 어떻게 창조가 일어날 수 있을까?

그러므로 믿는 마음이 먼저이다. 자코토가 이야기한 보편적 교육법의 3가지 원리와 코칭의 3가지 철학을 잘 기억하고, 믿음의 눈길로 학생들을 바라보며 기다리는 여유가 필요하다.

교실 수업에서 강의를 빼고 나니, 결국 학생들의 목소리로 어떻게 수업을 채울 것인가 하는 것이 과제로 남는다. 거꾸로 교실은 교사와 학생이 함께 만들어 가는 공동의 작업이다.

수업 전		수업 중				수업 후
사전 단계 (동영상)	사전 학습 평가	안내	토론 및 모둠별 학습	핵심 정리 강의	(개인, 조별) 평가	되돌아 보기
필수 개념 이해		심화 적용 활동(연결 짓기)				평가
거꾸로 수업 프로세스(TOOL)						

거꾸로 공부 포인트

❶ 공부 시간에 학생들의 목소리가 넘쳐날 때 배움이 더 크게 일어난다.

❷ 교사나 부모의 목소리로 가득 채워진 공부는 학생들이 외면한다.

❸ 교사는 어떻게 하면 학생들의 목소리가 많이 들리도록 할 것인가를 항상 고민해야 한다.

▼●▼

거꾸로 교실에서 이루어지는 활동들

거꾸로 수업을 진행하기 위해서는 교사의 준비가 더 많이 필요하다. 아이들은 스스로 배우고 싶을 때 배우며, 흥미와 호기심이 있을 때 수업에 몰입할 수 있다. 이를 위해 교사는 여러 가지 장치들을 준비해야 한다. 거꾸로 교실에서 이루어지는 다양한 활동들을 알아보자.

학습 프린트물	해당 단원의 학습 기준이나 목표 등을 정리한 유인물 또는 책자
공부 일지	학습한 내용을 수업 끝나고 요약·정리할 수 있는 일지
짧은 강의	수업 시작 시간이나 마치는 시간에 짧은 강의를 통해 교사의 수업 전체에 대한 생각이나 의견, 개념 등을 강의
모둠 활동	공동으로 수행하는 프로젝트 수업. 과학이라면 실험
테스트	학습 성취를 확인하고 갈무리하는 간단한 평가
확인 대화하기	다음 단원으로 넘어가기 전에 그 단원을 이해하였는지 질의응답 식으로 확인

온라인 테스트	온라인 테스트를 통해 학생의 이해도 파악 및 반복해야 할 부분이나 개념 정리가 필요한 부분 추가 확인 연습
프레젠테이션	수업과 관련하여 주제를 정해서 모둠별로 발표
영상 프로젝트 제작	모둠별로 주제를 정해서 동영상 UCC 제작
DIE	Drama in Education, 연극 활용 교육
맞춤형 수행 평가	자신의 흥미 특성에 맞는 수행 평가 선택
참고서 만들기	교과서를 보완해 줄 자료를 보강하여 참고서 만들기
문제 은행 만들기	교과 내용과 수업 내용을 활용하여 문제 은행 만들기 (시험 출제에 반영할 수 있음)
심층 프로젝트	교과 내용에 대해 충분히 숙지하고 있는 상위권 학생들에게 좀 더 도전할 수 있는 과제 부여 개별화 수업이 가능하게 되려면 상위권 학생들에게도 더 어려운 과제를 제시하거나 스스로 주제를 정해서 심화학습을 하고 그 결과물을 만들어 낼 수 있도록 하여 학습의 동기 강화
책 만들기	한 학기 동안 사용한 배움 일지와 자료를 묶어 한 권의 책으로 만들어 보관(여러 권을 만들어 서로 교환)

거꾸로 교실을 학생들의 목소리로 채우기 위하여 많은 교사가 노력하고 있지만, 이것이 간단한 작업은 아닐 것이다. 위에서 제시한 활동을 진행하면서 아이들이 직접 수업을 디자인하도록 한다면 진정한 거꾸로 수업을 해 나갈 수 있을 것이다. 학습할 범위 안에서 배움을 어떻게 나눌 것인지 학생들이 의논하여 수업 계획을 세우는 것이다. 처음에는 어렵겠지만 어느 정도 진행 경험을 축적하면 아이들끼리 수업이 가능하다. 아이들이 진정으로 수업에 책임을 지게 되는 것이다.

그 전의 거꾸로 수업은 수업의 계획과 진행의 책임이 선생님에게 있었다. 하지만 학생들이 수업 계획을 세우고 진행까지 맡게 된다면 수업에 대한 책임은 전적으로 학생에게 넘어간다. 사람은 책임을 맡게 되면 더 진지해지고 노력하게 된다. 사실 이 방법이 수업의 진행과 계획을 선생님이 책임질 때보다 더 자기주도학습에 가깝다고 할 수 있다.

플립 마스터리 클래스룸

코로나19 팬데믹을 지나면서 존 버그만은, 교사들이 거꾸로 교실을 발전시킨 거꾸로 마스터 교실Flipped Mastery classroom 을 구현하도록 돕는 데 주력하였다.

거꾸로 마스터 교실은 새로운 아이디어가 아니다. 벤저민 블룸은 1968년 Learning For Mastery(숙달 학습)라는 획기적인 논문을 썼다. 숙달 학습learning for mastery 은 학생들이 차시 학습으로 넘어가기 이전에 해당 수준의 정보에 통달하는 단계(즉, 지식 테스트의 90%에 통달하는 단계)에 이르러야 한다는 것으로, 일종의 완전 학습을 지향한다.

나아가 블룸은 완전 학습 모형을 제안하며 '2 시그마 문제(2 Sigma Problem)'를 말하였다. 그는 30명 규모의 학급에서 강의식 수업을 할 때와 일대일 수업을 할 때의 성취도를 비교하였다. 그 결과, 일대일 수업을 받은 학생의 학업 성취도가 강의식 수업을 받은 학생의 학업 성취도보다 평균 표준편차가 두 배만큼 높았다(2 시그마)고 한다. 그는 '1:1 개별 교습을 받은 학생의 평균 수준은 전통적인 방식으로 수업을 받은 학생의 상위 2% 수준과 같다'는 내용을 발표하였다.

일대일 맞춤 수업의 교육 효과가 높다는 것은 모두가 아는 사실이다. 하지만 비용, 시간, 공간 등의 문제들이 뒤따른다. 블룸은 이를 '2 시그마의 문제'라고 부르며 교육계가 해결해야 할 과제라고 하였다.

그의 모형은 학생들이 다양한 속도로 콘텐츠를 학습하도록 하는 계획 때문에 널리 채택되지 못하였다. 그리고 당시에는 기술적 도구의 부족으로 숙달 학습을 구현하기 어려운 것도 사실이었다. 그런데 이제 에듀 테크의 발달로 거꾸로 교실에서 숙달 학습을 구현하기가 더 수월해졌다.

플립 마스터리 모델에는 다음의 5단계가 있다.

1. 직접 교수Direct Instruction : 거꾸로 마스터 프로그램에서는 교사가 만든 플립 비디오를 통해 수행한다.

2. 실습Practice : 그 다음 학생들은 비디오에서 배운 기본적인 사항 중 일부를 실습한다. 이것은 일반적으로 교사가 참석한 수업 시간에 수행한다.

3. 심화 학습Going Deeper : 학생들은 학습할 내용을 공부하고 교사의 도움을 받아 수업 시간에 심화 과제를 수행한다. 이것은 과학 수업에서 실험, 역사 수업에서 토론, 또는 영어 수업에서 논문 쓰기의 형태를 취할 수 있다.

4. 평가Assess : 거꾸로 마스터 수업에는 형성 평가와 종합 평가가 모두 있어야 한다.

5. 교정Remediate : 학생이 콘텐츠를 마스터하지 못하면 적절한 교정을 받고 재평가한다.

숙달 과정의 목표는 좋은 성적을 얻는 것이 아니라 내용을 숙달하는 것이며, 이것은 학생들이 효과적으로 협력할 때 더 잘 성취된다. 따라서 교사는 교실에서 협력 모델을 만드는 데 주력해야 한다.

협업 문화 조성

2013년 클라크 대학교의 연구원인 캐서린 비엘라지크Katherine Bielaczyc 는 효과적인 협업 그룹의 4가지 주요 특성을 확인하였다.

- 그룹 내 전문성의 다양성
- 집단적 지식과 기술을 지속적으로 발전시키는 공통의 목표
- 배우는 방법을 배우는 데 중점을 둠
- 배운 것을 공유하는 메커니즘

기본적으로 숙달 학습 교실은 공유된 목표로 시작한다. 존 버그만은 수업에서 숙달을 입증하기 위하여 학생들이 달성할 특정 목표를 제시한다. 학생들은 자연스럽게 함께 작업하는 팀워크를 만들고, 숙달을 달성하기 위하여 학생과 교사가 함께 협력한다. 한 번은 학생들에게 마스터리 러닝을 소개하였을 때 버그만은 학생들이 자신을 선생님이 아니라 과학 코치로 생각하라고 격려하였다.

학생들이 자신의 학습에 대해 주인 의식을 갖는 학습 문화를 만드는 것이 그에게는 매년 중요한 과제였다. 그는 이 문화를 만드는 데 협업 그룹이 효과적이라고 말한다. 버그만은 어떤 교수법을 사용하든 상관없이 수업을 시작할 때 이것을 최우선 순위 중 하나로 삼을 것을 권장한다. 이러한 과정을 통해 학생들은 "배우는 방법을 배우는 데" 능숙해질 수 있다.

배우는 방법을 배우기 위하여 전통적인 교실을 탈피하여 다양한 시도를 한다. 거꾸로 마스터 교실에서는 학생들이 어려운 주제에 대해서 서로를 도우며 마커를 잡고 칠판에서 작업하는 것을 볼 수 있다. 버그만은 교실의 모든 책상 위를 화이트보드로 바꾸고 액체 분필도

구입하였다. 거꾸로 교실에서는 책상에 글을 쓰는 것이 권장된다. 버그만은 학생들에게 마커를 건네준 다음 소그룹 활동을 하게 하였다.

숙달 교실에서 종합 평가

숙달 학습의 핵심 원칙 중 하나는 학생이 자료를 숙달하지 않으면 숙달할 때까지 다시 테스트하는 것이다. 그래서 거꾸로 마스터 교실의 가장 큰 도전 중 하나는 학생들에게 커리큘럼을 숙달할 수 있는 여러 기회를 제공하는 것이다.

버그만은 각 목표를 평가하는 질문 은행을 만들었다. 질문 은행에는 각 목표를 평가하는 여러 질문이 있다. 학생들이 종합 평가를 받기 위해 자리에 앉으면 주요 목표에 따른 무작위 질문이 할당된다. 그리고 학생들은 숙달을 입증하기 위해 최소 백분율 점수(75%)를 받아야 한다. 학생들이 숙달을 달성하면 다음 진도를 진행할 수 있다. 그렇지 않은 경우 동일한 은행에서 새로운 질문을 가져오는 다른 평가를 다시 수행해야 한다.

이렇게 하면 학생들 사이에 교과 진도의 차이가 발생할 수 있다. 여기서 마스터리 러닝을 통한 교수법은 사고방식의 변화를 요구한다. 그것은 더 이상 모든 학생이 동시에 커리큘럼의 동일한 페이지에 있지 않다는 것을 의미한다. 모든 학생이 똑같은 배움의 속도로 같은 진도를 나가지 않아야 완전 학습을 하게 된다는 살만 칸의 의견과도 유사하다.

교실에서 학생이 배움의 주인이 되는 것을 가로막는 것은 똑같은 진도와 동일한 속도로 배우는 것이다. 배움을 유연화하여 자신의 속도로 배울 수 있게 시스템과 환경을 만들고, 자발적으로 배움이 일어나도록 창발(創發)을 도와야 한다. 버그만은 거꾸로 교실에서의 교사의 역할에 대해 이렇게 말한다.

"당신은… 연결하고, 듣고, 밀고, 더 깊이 파고들고, 웃고, 상호작용하고, 영감을 주고, 놀고, 도발하고, 격려하고, 동기를 부여하세요. 당신은 선생님이에요!"

하우 투 플립러닝

4

기적의 교실,
슬로 리딩

'은수저'에 담긴 뜻

문고판 분량의 소설 한 권을 무려 3년에 걸쳐 읽는다. 천천히, 그리고 깊이 음미하면서, 연관된 내용을 찾아 자주 '옆길로 새기'도 하면서, 철저하게 독파해서 완전히 자신의 것으로 만든다. 독자는 중학생들이다. 혼자가 아니라 200명이 교사 한 명의 지도 아래, 국어 시간에 교과서 대신 이 소설 한 권만을 3년 내내 읽어 나간다. 1950년부터 일본 고베 사립 '나다' 학교에서 시작된 이 유례없는 교육을 이끈 사람은 바로 국어 교사 하시모토 다케시(1912~2013)이다.

학생들이 읽은 책은 작가 나카 간스케(1885~1965)가 그에게 무한한 사랑을 베풀어 준 이모에 대한 애틋한 기억을 중심으로 자신의 소년기를 그려 낸 자전적 소설 《은수저(銀の匙)》이다. 일본 전통색이 짙은 고전으로, 읽기 쉽지 않은 소설이다. 지도 교사인 하시모토 다케시는 중·고등학교 6년의 과정을 교사 한 명이 한 교과목씩 맡아 계속

가르치는 중고등 일관학교 나다에서 이 파격적인 시도를 하였고, 큰 성과를 거두었다. 그냥 책을 읽히기만 한 게 아니라 어려운 낱말 풀이, 관련 정보와 지식을 담은 연구 교재를 직접 만들어 나누어 주고, 학생들이 조별 토론을 하며 어떤 생각이든 자유롭게 발표하고 쓰게 하면서 그들이 수업의 주인이 되게 만들었다.

나다 학교 졸업생들은 1962년에 교토 대학, 1968년에는 도쿄 대학 입시에서 가장 많은 합격자를 내며 고등학교별 전국 최고의 성적을 냈고, 그 뒤에도 줄곧 수위 자리를 지켰다. 대입 성적 따위는 염두에 두지도 않았다는 하시모토의 '기적의 교실'《은수저》수업은 1984년 그가 은퇴할 때까지 5기에 걸쳐 30여 년간 이어졌다.

하시모토는 지극히 평범한 학교였던 나다 학교를 일약 '명문'으로 만든 일명 '슬로 리딩Slow Reading ' 학습법의 창시자이다. 국어가 모든 공부의 기본이고 국어 실력이 살아가는 힘이라는 자신의 지론을 실천하는 방식이 하시모토에게는 '슬로 리딩'이었다. "모르는 것 전혀 없이 완전히 이해하는 경지에 이르도록 책 한 권을 철저하게 음미하는" 지독(遲讀)과 미독(味讀)이 바로 슬로 리딩이다.

빨리 읽는 속독이 아니라 느리게 음미하면서 읽는 미독이 아이들의 미래를 바꾸는 가장 효과적인 독서법이었다는 사실은 음미해 볼 만하다.《독서법》의 저자이기도 한 사이토 다카시는 이 슬로 리딩에 대해서 '걸어서 가는 소풍 같은 것'이라고 평한다. 버스를 타고 휙 지나가 버리는 여행에서는 자연에 몰입하기가 힘들다. 길가의 꽃들에도 눈길을 주며 한 발짝 두 발짝 걸음을 옮기는 산책 같은 소풍이 오히려 기억에 오래 남는 것과 마찬가지인 이치라는 것이다. 천천히 생각하고 온몸으로 느끼며 사물과 풍경을 보면 자연스럽게 몰입이 이루어진다.

물론 읽어야 할 책은 참 많다. 그리고 그 책들을 모두 슬로 리딩으로 읽을 수는 없다. 하지만 슬로 리딩을 통한 배움의 경험이 있다면, 탄탄한 내공이 생겨서 지식과 정보를 흡수하고 재구성하는 힘이 길러질 것이다.

학생들은 빠른 시간 안에 많은 양의 공부를 하도록 강요당한다. 빨리 많은 양의 정보를 습득하여 좋은 성적을 받는 것이 공부의 목적이 되어 버린 지 오래이다. 수업 시간에 배우는 내용을 시험과 연관 지어 바라보고, 시험과 관련 없는 내용을 공부하면 학생들에게 외면 받기도 한다. 학년이 올라갈수록 속도 경쟁은 치열하다. 입시의 관문을 통과하고 경쟁에서 이기기 위해 빠른 시간 안에 많은 양의 공부를 하는 방법을 최선이라 여긴다. 하지만 그것이 과연 올바른 공부 방법일까?

속도 경쟁의 시스템에서 벗어나 진정한 국어 교육을 통하여 생각의 힘을 기르고자 시작된 수업이 바로 슬로 리딩인 것이다.

깊이 읽기
그리고 생각하기

슬로 리딩의 기본 원칙은 간단하다. 여러 권의 책을 통해 많은 정보를 얻기보다는 한 권의 책을 천천히, 그러나 깊이 읽음으로써 사고의 힘을 기른다는 것이다.

대량 생산 대량 소비의 시대에 독서마저도 빠르게 많이 해야 한다는 생각이 지배적이다. 아이들은 미처 소화시키지 못한 책을 허겁지겁 읽는다. 책을 읽었는데 아이가 잘 기억하지 못하고 깊이 이해하지 못할 때 부모들은 안타까워 하고 무엇이 문제인가 고민하기도 한다.

그런데 이러한 독서 습관은 학습에서도 그대로 이어진다. 깊이 읽지 않는 습관이 학습에서는 치명적인 영향을 미친다. 독서를 할 때 창의적, 비판적, 논리적 사고를 하라고 하는데, 빠르게 읽는 속독으로 인해 아이들은 그렇게 사고할 기회를 잃어버린다. 모든 책을 슬로 리딩 할 수는 없겠지만 일 년에 한두 권만이라도 매년 슬로 리딩 할 수 있다면, 그 과정에서 아이들은 다양한 능력이 계발될 것이다.

자기 손으로 직접 정리한 것, 자신의 머리로 생각한 것이 아니면 온전히 내 것이 될 수 없다. 기본기를 배울 때는 천천히 제대로 하는 법부터 배워야 한다. 사실 하시모토 선생님의 슬로 리딩 수업은 거꾸로 교실 수업과 매우 유사하다. 거꾸로 수업에서 진행해 보면 좋지 않을까 하는 방식들이 이 수업에 들어 있다.

그리고 거꾸로 수업에서도 읽기 능력이 많이 떨어지는 학생은 그 수업을 소화하기가 힘들다. 그래서 무작정 거꾸로 수업을 하면 아이들이 좋아할 것이라는 선입견은 버리는 편이 낫다. 읽기 능력을 향상하는 방법을 병행하면서 거꾸로 수업을 진행하는 것을 추천한다. 가정이나 학교에서 슬로 리딩 수업을 몇 번만 경험하게 된다면 기초적인 학습 능력이 향상되어 수업을 소화하는 힘이 더 커질 것이다.

슬로 리딩은 체험하고 느끼게 한다

그렇다면 왜 하시모토 선생님은 슬로 리딩《은수저》수업을 생각한 것일까?

첫 교사 발령을 받은 나다 중학교에서 하시모토는 어떤 수업을 해야 할지 고민에 잠겼다. 그는 아이들의 마음속에 남는 수업을 하고 싶었다. 아이들의 마음속에 평생 남을 수 있는 양식이 되는 수업.

그는 우선, 자신의 학창 시절을 돌아봤다. 그리고는 자신이 중학교 때 어떤 교재로 어떤 내용을 수업하였는지 하나도 기억이 나지 않는다는 사실에 놀랐다. 생각나는 것은 오로지《도연초》에 묘사된 닌나지(仁和寺)의 스님 이야기가 재미있었다는 것 하나뿐이었다. 분명히 선생님은 열심히 가르쳤는데 아무것도 기억이 나지 않다니…. 참 허무하다는 생각이 들었다.

'그렇다면 나는 어떻게 해야 할까?' 그때 떠오른 한 가지 생각은 초등학교 3학년 때의 국어 수업이었다. 1920년 그 당시 그는 독서에도, 공부에도 흥미를 가질 수 있는 환경이 아니었다. 그런데 그때 담임 선생님께서 수업 시간에 교과서는 보지 않고 자주 소설책을 읽어 주셨다. 담임 선생님은 무거운 떡갈나무 지팡이를 휘두르는 전국 시대의 용사나 현대 역사 소설 붐이 일었을 때 최고의 인기를 자랑하던 유키무라의 무용담을 몸동작과 억양을 살려서 재현해 주었다. 그때 소년 하시모토는 그 이야기에 쏙 빠져들었다. 마치 자신이 영웅호걸이라도 된 것처럼. 그래서 난생 처음 어머니께 무언가를 사 달라고 졸랐다.

"어머니, 책 좀 사 주세요."

그러자 어머니께서는 《교토에서 오사카까지 도보 여행기》, 《초승달 이야기》, 《난소사토미 팔견전》 등을 사 주셨다. 소년 하시모토는 두꺼운 책들을 한 권 한 권 독파해 나갔다. 그러자 아버지께서는 열심히 책을 읽는 아들을 위해 책장을 짜 주셨다. 그의 독서 열정에 불을 붙여 주신 것이다.

이 시절을 회고하던 하시모토는 그렇게 재미있게 읽었던 책들을 교재로 사용해 보면 어떨까 하는 생각을 하게 되었다. 그리고 한 가지 더, '자신이 체험하고 느끼는 것이야말로 배움의 의지를 극대화시키고 끌어낸다.'라는 것을 깨달았다. '체험하고 느끼는 것의 중요성'을 발견한 것은 훗날 슬로 리딩 수업에 그대로 반영되었다.

그는 교과서 대신 사용할 교재를 생각하였다. 그러다 그의 독서 인생에서 가장 큰 영향을 미친 나카 간스케의 《은수저》를 선택하였다. 아름다운 산문체로 되어 있는 이 소설은 신문에 연재되어 문장의 길이가 적당하고, 여러 가지 폭넓은 지식을 쌓을 수 있어 국어 과목에 대한 흥미를 되살릴 수 있는 작품이었기 때문이다.

거꾸로 공부 포인트

❶ 자신이 체험하고 느끼는 것이 배움의 의지를 극대화시킨다.
❷ 체험하고 느끼는 시간을 제공하면 아이들의 배움의 동기가 강화된다.

▼●▼

공부하는 재미를 알게 해 준
느린 수업

많은 학생들이 중학교 입학 설명회에 참여해서 받은 국어 교과서를 보고 놀랐다. 교과서가 아닌 소설책이었기 때문이다. 게다가 《은수저》는 중학교 1학년 학생이 읽기에 만만한 책이 아니었다.

"교과서는 어제 나누어 준 《은수저》뿐입니다. 이 책으로 3년 동안 수업할 테니 잘 읽어 보시기 바랍니다. 그리고 내 수업 시간에는 따로 노트를 준비하지 않아도 됩니다. 내가 매시간 주는 인쇄물이 여러분의 노트가 될 것입니다."

입시라는 관문이 앞에 놓여 있는 학생들에게 소설책 한 권으로 3년을 공부한다고 하니, 학생들은 걱정 어린 표정으로 서로의 얼굴을 쳐다볼 수밖에 없었다. '여러 권의 책으로 공부하는 다른 학생들에게 뒤처지는 것은 아닐까?' 하는 근심이 생기는 것은 당연한 일이었다.

하지만 학생들은 얼마 지나지 않아 그것이 쓸데없는 걱정이라는 것을 알아차렸다.

선생님은 매시간 프린트물을 준비하셨고, 그 안에는 그들이 궁금해 할 부분에 대한 대답이 쓰여 있었고,《은수저》에 친근하게 다가갈 수 있는 힌트와 재미있는 이야깃거리들이 가득 담겨 있었기 때문이다.

《은수저》속의 시간은 시대와 공간을 넘나드는 자유로운 시간이었다. 일본의 고대 신화에서부터《아라비안나이트》까지, 시간 탐구와 과학적 진실, 중국 고대의 역법까지, 손이 닿을 수 있는 곳이라면 아무런 장애 없이 모두 다 맛보고 경험할 수 있었다. 그러는 동안에 온갖 지식들은 스펀지가 물을 흡수하듯이 자연스럽게 아이들의 내면에 자리 잡았다.

나카 간스케의 자전소설《은수저》에는 전후 세대들은 들어 보지 못한 다양한 단어와 명칭, 오래된 풍습에 대한 것들이 많이 나온다. 문체 또한 그 당시 문체와 달라 읽기가 까다로운 것이 사실이다. 어느 날 수업 시간에 어느 학생이 낭독 중에 '축홍(丑洪)'이라는 단어에서 막혀 버렸다.

'축(丑)이라고 하였으니 소와 관련이 있나? 그런데 그것이 왜 홍(洪), 붉단 말인가?' 그래서 선생님이 나누어 준 프린트물을 보았다.

그랬더니 거기에는 이렇게 적혀 있었다.

축홍: 겨울철 축일(丑日)에 파는 연지로 입술이 거칠어지는 것을 방지한다고 한다.

'음, 축일에 하는 것이라서 '축'자가 들어 있는 것이로군….'이라고 생각하자 이해가 되었다. 그 순간 선생님께서 목소리를 높여 말씀하셨다.

"자, 이제 좀 더 옆길로 새 볼까?"

그러면서 칠판에 손 글씨로 쓴 10간(干) 12지지(地支)표를 붙이셨다.

"지금 책에 나온 축홍에서 축은 중국 고대의 역(曆)인 십이지지 중 하나입니다. 자축인묘진사오미신유술해(子丑寅卯辰巳吾未申酉戌亥), 이것들은 동물들을 나타냅니다. 참고로 고대 중국에는 10간이라는 역도 있습니다. 갑을병정무기경신임계(甲乙丙丁戊己庚申壬癸). 이 십간과 십이지지 둘을 조합한 간지(干支)를 널리 응용해서 세시(歲時)와 방위는 물론 사람의 운명까지도 알려고 하였습니다."

그러고는 다시 10간 12지지를 소리 내어 읽으시고는 책 내용에서 좀 멀리 나아갔다.

"두 가지 역을 조합하면 60가지가 나옵니다. 그럼 '갑자원(甲子園) 구장'을 예로 들어 볼까요? 여러분이 아는 이 구장은 1924년 즉, 갑자년에 완성되었기 때문에 '갑자원'이라는 이름이 붙었습니다. '갑자'

는 10간과 12지지의 첫째를 따서 만든 조합인데, 육십갑자의 입구라고 해서 특별히 경사스런 해로 여깁니다."

이제 '축홍'이라는 단어 하나에서 파생된 이야기는 꼬리에 꼬리를 물고 확대되기 시작한다. 이와 같은 시도는 아이들의 지적인 호기심을 자극하기에 충분하다. 이제 선생님은 '환갑'이 60갑자(甲子)에서 자기가 태어난 간지(干支)의 해가 다시 돌아왔음을 뜻하는 61세가 되는 생일이라는 것과, '병오(丙吾)'생에 담긴 전승되어 내려오는 미신(迷信)에 관해서도 이야기한다. 그러던 중 수업을 마치는 종이 울린다. 그러면 선생님은 다시 이렇게 말한다.

"내일은 중국의 계절인 24절기(節氣)에 대해 이야기하겠습니다."

다음 시간도 축홍에서 파생된 이야기가 계속 진행될 것임을 암시하는 대목이다.

이렇게 책에 나와 있는 단어와 구절의 의미를 생각하다 보면, 아이들은 평소에 무심코 지나쳤던 사물과 현상에 대한 관심을 갖게 된다. 절의 이름과 역(驛)의 이름, 음식점의 간판들도 다 뜻이 있었다. 교실에서의 학습이 자연스럽게 생활로 옮겨가는 것이다. 공부를 잘하는 방법은, 생활 자체가 공부가 되면 된다. 생활 속에서 공부하는 이치를 터득한 학생은 배움을 능숙하게 익히고 깨달음을 사랑하게 된다.

1962년 은수저 3기 학생들의 수업이 시작된 지 한 달이 지난 5월 어느 날, 이날도 하시모토 선생님의 수업은 옆길로 새기 시작한다. 한 달 동안 나간 진도라야 겨우 2장인데 말이다.

"한 번은 부뚜막신의 심부름꾼이라며 어디서 한 마리 사 와서 '복덩어리, 복덩어리' 하면서 애지중지 길렀는데, 네즈미잔(鼠算:쥐가 번식하듯 급속도로 불어남을 비유)으로 불어난 녀석들이 어느새 온 집안을 돌아다닌다."의 구절을 읽다가,

"여러분, 네즈미잔이 무엇인지 아세요?"하고 선생님이 묻는다.

"만약 정월에 쥐 부부가 새끼를 12마리 낳았다면 쥐는 모두 몇 마리죠? 그렇죠, 14마리입니다. 2월에 그 자식들이 새끼를 12마리씩 낳았습니다. 그리고 이런 식으로 한 달에 한 번씩 새끼를 낳게 되면 12월에는 쥐가 모두 합쳐 몇 마리가 될까요?"

아이들은 열심히 계산하기 시작하였다. 이제 국어 시간은 수학 시간이 되어 버렸다. 《은수저》 수업 시간은 어느 날은 수학 시간이 되었다가 어느 날은 미술 시간도 될 수 있고, 과학 시간도 될 수 있었다. 요즘 융합교과 수업에 대한 강조를 많이 하는데, 이 수업 방식이야말로 융합형 수업이라고 할 만하였다.

하시모토 선생님의 수업은 매번 이렇게 옆길로 새기 일쑤였고 그래서 진도는 천천히, 아주 천천히 나갔다. 이러한 방식의 수업 덕분에 학생들은 세상에 나왔을 때 균형 잡힌 사고와, 사물이나 현상을 넓게

바라보는 교양이 생겼다고 이야기하고 있다. 거꾸로 교실의 수업 방식이 필요한 이유 중 하나가 세상에서 살아가야 할 아이들이 진짜 세상과 만나는 지식과 교양을 습득할 필요가 있기 때문이다. 거꾸로 교실로 초대된 아이들은 배움의 샛길로 얼마든지 나갈 수 있다.

거꾸로 공부 포인트

❶ 공부하다가 궁금한 것이 있으면 옆길로 새도 괜찮다. 그렇게 익힌 지식은 학생에게 배움의 흥미를 더해 주고, 세상을 살아가는 든든한 교양을 형성해 준다.

인공 지능의 시대와 생각하는 힘

인간과 최초로 정식 대결을 펼친 컴퓨터는 1989년 IBM사가 만든 체스 전용 컴퓨터 '딥 소트 Deep Thought'였다. 이 컴퓨터의 실력은 프로 기사의 제일 아래 단계인 엑스퍼트expert 정도였다. 딥 소트와 대결을 벌인 상대는 당시 체스 세계 챔피언이며, 최고의 체스 그랜드 마스터 Grand Master 인 아제르바이잔 출신의 가리 카스파로프Gary Kasparov 였다.

단판 승부로 치러진 인간과 컴퓨터의 대결에서 승자는 인간이었다. 이에 자극을 받은 IBM사는 딥 소트를 더욱 개량하여 1991년에는 세계 2위인 아나톨리 카르포프Anatoly Karpov 와, 1993년에는 세계 체스 여자 챔피언인 쥬디스 폴가Judith Polga 와 시합을 펼쳤다. 이 두 번의 시합에서 딥 소트는 인간과 대등한 경기를 펼치다 간발의 차이로 패배하였다. 이에 자신을 얻은 IBM사는 1993년 딥 소트보다 월등한 성능을 가진 새로운 컴퓨터 '딥 블루 Deep Blue'의 개발에 착수하였다.

1997년, 체스 세계 챔피언 카스파로프와 IBM 컴퓨터 '딥 블루'가 체스 대결을 벌였다. 결과는 딥 블루의 승리였다. 2011년 미국 ABC TV 퀴즈쇼 〈제퍼디〉에서는 IBM 컴퓨터 '왓슨'이 인간 퀴즈 챔피언을 이겼다.

그리고 2016년, 인공 지능AI 알파고는 이세돌 9단에게 4승을 거두며 인공 지능 시대의 개막을 알렸다. 다음 해인 2017년에 생물의 뇌와 유사하게 시행착오를 통해 이치를 깨닫는 강화 학습 시스템reinforcement learning system이 적용된 '알파고 제로'가 만들어졌고, 이 '알파고 제로'는 72시간 학습 후 이세돌을 이긴 '알파고'를 100대 0으로 이김으로써 다시 한 번 세상을 놀라게 하였다. 하지만 얼마 후 '알파 제로'가 등장하여 '알파고 제로'를 가볍게 추월해 버렸다. 새로운 인공 지능이 기존 인공 지능을 능가하는 인공 지능 발전의 추격 릴레이가 이어지며 세상은 엄청난 속도로 변화하고 있다.

체스나 바둑처럼 사고와 판단력이 중요한 영역에서도 컴퓨터가 사람을 능가하게 된 것이다. 이처럼 컴퓨터가 인간을 대신하여 생각과 판단까지도 할 수 있는 시대에 우리는 살고 있다.

한편, 미국 비영리연구소 '오픈AI(OpenAI)'가 2022년 11월 출시한 AI 챗봇 '챗GPT'는 두 달 만에 월간 사용자 수 1억 명에 도달하였다. 월간 사용자 수 1억 명에 도달하는 데 인스타그램은 2년 6개월, 틱톡은 9개월이 걸렸지만, 챗GPT는 단 두 달이 걸렸다.

챗GPT는 대량의 데이터를 학습하여 마치 사람처럼 스스로 생각하고 판단하도록 설계된 초거대 인공지능Hyperscale AI을 바탕으로, 사용자가 건넨 질문에 대화하듯 답을 '생성'하여 내놓는 서비스라고 해서, '생성 에이아이AI'라고도 불린다. 챗GPT는 사용자와 글로 대화가 가능한 챗봇이다. 챗GPT 대화창에 질문하면 서술형으로 답을 해 준다. 빅데이터를 활용하여 수초만에 소설이나 연설문을 작성하고, 시도 만들어 낸다. 그동안은 검색 후 사용자 스스로가 정보를 취사선택해야 했는데, 챗GPT는 그보다 한 단계 더 나아가 필요한 정보를 일목요연하게 정리하여 사용자에게 전달한다.

전문가들은 미래 세대에서는 결국 인공 지능AI을 얼마나 잘 다루는가가 중요한 경쟁력이 될 것이라고 하지만, 동시에 지식을 얻기 위한 노력이 줄어드는 세상의 위험성을 경고한다. 인간의 지식은 자신의 직접 경험이나, 각종 미디어를 통하여 전달되는 타인의 경험을 학습함으로써 축적되는데, 이 과정이 사라진다는 것이다. 교육 전문가들은 학생들이 작문이나 컴퓨터 코딩 등의 과제 해결에 챗봇을 사용할 경우, 학습 능력이 저하될 것을 우려한다. 또한 검색된 정보와 AI가 정리해 준 자료를 무비판적으로 수용할 경우 옳고 그름의 판단이 흐려질 수 있다.

그렇다고 해서 교육 현장에서 챗GPT 사용을 제한하는 것은 권장할 만한 일은 아니다. 챗GPT의 기능을 요약하면, 흩어져 있는 지식을 논리적인 말로 잘 정리하여 주는 것이다. 우리 뇌에서 지식을 논리적으로 정리하여 말로 표현하게 하는 곳은 브로카, 베르니케 영역이다. 챗GPT는 여기서 하는 일을 대신해 주는 것이다. 결국 챗GPT 때문에 브로카, 베르니케 영역을 잘 안 쓰게 되면 학습 능력이 떨어질 수 있다고 우려하는 것이다.

알파고가 바둑을 굉장히 잘 두고 인간을 넘어서니까, 많은 사람들은 바둑이 사라질 것이라고 생각하였다. 하지만 바둑 기사들이 인공 지능 바둑 프로그램으로 열심히 공부하다 보니, 오히려 실력이 더 늘고 창의력이 올라갔다. 이렇듯 인간의 뇌는 처한 환경에 늘 잘 적응해 왔다.

챗GPT를 통해 잘 정리된 지식을 보면 우리 뇌는 거기서 안주하는 것이 아니라, 이를 창조적으로 재해석하려고 하고 여기에서 만족감도 느끼게 된다. 새로운 '동기 부여'가 이루어지는 것이다. 이것이 그동안 기술이 인간을 대체해 온 역사 속에서 인간의 뇌가 계속 진화하였던 이유이다. 따라서 챗GPT와 같은 인공 지능을 잘 활용하면, 창조적인 아이디어를 만들어 내는 전두엽의 연합 영역이 발달할 수 있다. 그 사람이 어떻게 인공 지능을 활용하느냐에 따라서 발달하는 뇌 부위가 달라지는 것이다.

그러므로 기존의 교사 중심이나 가르침 중심의 수업은 비중을 줄이고, 더 재미있고 창의적인 일을 활용할 수 있도록 교육 시스템을 개혁해야 한다. 인공 지능이 정리한 지식들을 창조적 아이디어로 확장하도록 동기 부여 할 수 있게 교육 커리큘럼을 바꾸어 나가야 한다.

지금까지 답을 찾는 교육을 중시하였다면, 이제는 질문을 찾는 교육으로 전환해야 한다. '질문과 사색'은 오늘을 살아가는 가장 든든한 생존 무기이며, 세상을 변화시키는 원동력이다.

사고하는 힘을 키워 주는 은수저 노트

제대로 사유하기 위해서는 정답을 찾기보다 생각하는 것 자체를 즐기도록 해야 한다.

아이들에게 질문을 하거나 문제를 풀게 하면 가장 많이 묻는 것이 "맞았어요? 틀렸어요?"이다. '혹시 틀리면 어떡하나, 정답이 아니면 어떡하나?' 하는 생각이 마음속에 자리 잡고 있다. 내가 생각하고 의심해서 도출해 낸 것에 대한 자신감이 없다. 내 생각에 자신이 없다면 진짜 세상에서는 남이 만들어 놓은 기준에 기대어 살아가야만 한다. 도대체 그렇게 해서 얼마나 버틸 수 있을까? 충분히 틀릴 수도 있고, 정답을 찾지 못할 수도 있다. 하지만 그것들이 자신이 시간을 들여 생각한 것들이라면 그것만으로도 이미 충분히 칭찬 받을 만하다. 그리고 그 경험들이 쌓여 간다면 다음에는 더 발전된 생각과 지혜를 생산해 낼 것이다.

《은수저》교실에서 학생들은 서로 바라보며 자신이 궁금한 것들과 알아낸 것, 자신이 생각한 것들을 정리하였다. 그리고 정리한 것들을 포트폴리오화하였다. 자신이 연구한 것들을 모아 '은수저 노트'를 만들었던 것이다. 입시에 제출하기 위하여 만드는 것이 아니라 자신의 깨달음을 소중하게 정리한 것이다. 그렇게 정리를 하다 보면 사고하는 힘, 분석력과 비판력 등이 길러져 사물을 보는 눈이 예리해진다.

이 수업에서 학생들은 하브루타 식의 질문과 대화를 통한 공부를 하였으며, 그렇게 하기 위해 책상 배치도 서로 마주보는 식으로 바꾸었다. 하시모토 선생님은 그 사이를 오가며 아이들에게 다가갔다. 거꾸로 교실에서 흔히 볼 수 있는 수업 광경이다.

거꾸로 공부 포인트

❶ 공부에서 '생각하는 시간'은 절대적이다.
❷ 생각함이 없는 공부는 맹목적이고, 배움의 재미를 빼앗아간다.
❸ 천천히 읽는 공부는 '생각의 힘'을 길러 준다.

▼●▼
제대로 공부하기

살만 칸은 학생들이 대충 이해하고 넘어가는 습관과 그것을 방조하는 수업 방식과 평가 방법에 대해 이의를 제기하고, 완전 학습의 중요성에 대해 설파하였다. 제대로 알지 않고 넘어가는 것과 그것을 습관화하는 것만큼 스스로를 망치는 것도 없다. 존 버그만도 거꾸로 수업과 거꾸로 배움을 구분하여 단순히 동영상 강의를 듣고 수업 시간에 숙제하는 정도의 기계적인 뒤바꿈이 아니라, '거꾸로 배움'을 통해 완전 학습을 지향해야 한다고 말하였다.

제대로 배우지 않았는데 배움의 기쁨이 생길 리 없다. 수학 문제를 풀었다고 해서 그것을 '안다'라고 말할 수 없다. 공식을 외우면 그 원리를 알지 못해도 문제를 풀 수는 있다. 따라서 아이들에게 제대로 된 '앎'을 강조해야지 문제를 풀거나 진도를 강조해서는 안 될 것이다. 그런 의미에서 《은수저》슬로 리딩 수업은 제대로 된 앎에 접근하게 하는 매우 훌륭한 수업 방식이라고 할 수 있다.

《은수저》 수업을 3년간 하면서 아이들은 선생님이 나누어 준 자료와 본인들이 조사하고 연구한 것을 묶어서 〈은수저 연구 노트〉를 만들었다. 학생들은 시간이 흘러도 이 노트를 보물처럼 간직하였는데, 연구 노트를 만드는 과정에서 학습의 흥미와 능력이 향상되었다. 무엇보다 국어를 사랑하게 되었다고 한다. 원래 하시모토 선생님의 의도가 성적이 좋은 학생이 아니라 국어를 좋아하는 학생으로 만드는 것이었으니 의도대로 된 셈이다.

자녀가 공부를 잘하는 사람이 되기를 원하는가, 공부를 좋아하는 사람이 되기를 원하는가? 공부를 좋아하기 위해서는 제대로 공부하는 법을 익히는 것이 먼저가 아닐까 한다.

초기에 수업을 들었던 학생들은 선생님이 준 많은 양의 《은수저》 인쇄물에서 어구를 골라 내어 일정한 순서대로 정리하는 색인 작업에 참여하였다. 일종의 '은수저 어구 사전'인데, 이 작업을 선생님과 함께하게 되면 끈기와 인내력이 길러지고 상당한 양의 지식 축적은 물론, 지식을 체계화하는 힘도 생길 것이다.

1학년 국어 마지막 시간에 학생들은 자신이 1년 동안 썼던 인쇄물을 모아 뒷부분에 색인을 붙이고, 오른쪽에 송곳으로 구멍을 뚫어 단단하게 끈으로 제본을 하였다. 책의 표지는 각자가 좋아하는 색으로 칠하고 책처럼 예쁘게 꾸몄다. 그리고 책 안에는 선생님이 설명하신 어구 해설, 그림 설명, 옆길로 샜던 재미있고 흥미로운 교양과 지식, 학생 자신이 생각하기에 '아름답고 의미 있다고 느낀 문장', '아이디운 표현', '짧은 글 연습'의 자취들이 온전히 담겨 있었다.

—
완전히 느끼고 체험하기
—

〈은수저 연구 노트〉는 여러 가지로 구성되어 있고, 학생들은 빈칸에 내용을 적기도 하고 선생님이 적어 놓은 자료를 활용해서 공부하기도 하였다.

그 노트의 구성과 활용을 참고하면 다음과 같다.

	〈은수저 연구 노트〉 구성과 활용
훑어보기 통독 survey	각 문장을 전체적으로 읽는다. 모르는 한자를 찾아보고, 한자를 잘 읽을 수 있도록 한자의 발음법을 알아본다.
제목과 주제	《은수저》는 전편 53장, 후편 22장으로 구성되어 있는데, 각 장의 제목이 없으므로 스스로 자신이 생각하는 적당한 제목을 붙여 본다.
요약하기 정리하기	내용의 순서에 따라 요약·정리를 해 본다.
단어의 뜻	이해하기 어려운 문장과 단어의 뜻을 연구 노트에서 찾아보고 암기한다.
다시 보는 단어와 숙어	연구 노트에 미리 뽑아 놓은 문장 속에서 단어의 쓰임을 확인하고 자신이 알고 있는 내용과 비교해 보고, 정확한 뜻을 찾아보거나 친구들과 의견을 나눈다.

짧은 글 연습	찾아보고 조사했던 단어를 활용하여 짧은 글을 지어 본다.
느낌과 생각 적기	자신이 생각하기에 아름다운 표현의 문장을 옮겨 적는다. 어떤 부분에서 자신에게 의미 있게 다가왔는지 적는다.
외우기	연구 노트에 적힌 다양한 내용을 잘 읽고 필요한 부분은 외운다.

위와 같이 학생들은 다양한 활동 워크지를 통해 자신의 생각을 정교히 다듬고 제대로 된 지식을 습득하게 된다. 이러한 과정에는 모두 완전 학습을 지향하는 하시모토 선생님의 철학이 담겨 있다.《은수저》수업에서는 그 외에도 다양한 활동이 진행되었다.

그 외 수업 활동 내용

연날리기	미술 시간에《은수저》의 주인공이 바람이 많이 부는 넓은 벌판에서 봄 하늘에 경쟁하듯 연을 날리던 모습을 직접 체험해 보기 위해 미술 선생님의 협조를 구해서 직접 연을 만들어 날리도록 한다. 아이들은 어떤 모양으로, 무슨 재료로 만들 것인지, 무늬에 무엇을 그려 넣을지를 고민한다. 그런 다음 직접 연을 날리는 체험을 한다.
음식 맛보기	막과자가 나오는 부분에서 실제로 교실에서 먹어 보고 맛을 느껴 보는 시간을 갖는다.
'물고기 어魚' 변이 들어가 있는 한자 찾기	《은수저》의 초밥집 장면에서 선생님은 '물고기 어'를 부수로 쓰는 한자는 모두 678개인데 찾아보라는 과제를 내 주었다. 학생들은 도서관에 가서도 찾고, 초밥집에 가서 포장지를 받아서 조사하기도 하고, 사전을 통해서도 찾았다. '물고기 어' 부수 노트를 만든 것이다.
방심은 금물이라는 속담에 대해 조사하기	'원숭이도 나무에서 떨어진다. 일본 서도의 명필 구가이 대사도 붓글씨에서 실수를 한다. 닭도 홰에서 떨어질 때가 있다.' 등등의 유사한 어구나 사례를 조사한다.

공동 연구 논문 쓰기	고등학생 3~4명이 모둠이 되어서 고전 작품을 정해서 연구 논문 발표한다. 표지 디자인과 편집까지 학생들이 직접 한다.
	1개월차 : 조 편성, 2개월차 : 주제 선정 및 발표, 3개월차 : 공동 조사 및 연구, 4개월차 : 의견 조정과 보고서 제출

　이를 통해 온전히 느끼고 체험하여 자기 것으로 내면화하는 과정을 거치게 된다. 살만 칸이나 존 버그만은 완전 학습에 대한 필요성을 거듭 강조하고 있다. 교실과 가정에서 천천히 배움과 나눔을 꾸준하게 실천한다면 우리 아이들도 완전한 배움을 추구하게 될 것이다.

▼●▼

배움은 노는 것과 다르지 않다

어린이들은 놀이와 상상력을 통하여 자기 주변의 세상을 배우고 이해한다. 《호모 루덴스 Homo Ludens》의 저자 요한 하위징아는 놀이가 인간 경험의 중심일 뿐만 아니라 인간 문화에서 매우 유의미한 것이라고 말한다. 그는 놀이를 통해 문화가 창조되었고, 우리가 가치 있게 여기는 문화나 종교적 의식도 마찬가지라고 여긴다. 사실 어렸을 때만 해도 아이들은 놀이를 통해 모든 것을 배운다.

놀이와 학습의 다른 점은, 놀이는 배움보다는 즐거움이 더 큰 목적이기 때문에 그 과정에 학습이 일어나지만 놀이에 비해 학습은 부차적인 것으로 받아들여진다. 즉, 즐거움 속에서 자연스럽게 배움이 일어난다는 것이다. 그러므로 놀이를 잘 활용하면 훌륭한 학습 활동을 할 수 있다.

사람의 생명을 구하는
로봇 프로젝트

세계 최초로 시각 장애인이 직접 운전할 수 있는 자동차를 개발하고, 사람처럼 두 발로 걷는 재난 로봇 '토르THOR'를 개발한 데니스 홍 로스앤젤레스 캘리포니아대UCLA 교수의 별명은 '로봇 다빈치'이다. 로봇 분야에서는 레오나르도 다빈치만큼 천재라는 뜻이다. 그는 '사람의 생명을 구하는 로봇 프로젝트'를 진행하고 있다.

실제로 그는 동일본 대지진 후 후쿠시마 원전 내부에 들어가 급박하였던 현장에서 어떻게 로봇이 제 역할을 할 수 있는지 확인하기 위하여 직접 현장을 점검한 적이 있다. 그곳을 다녀온 후 그는 재난 로봇의 개발이 매우 시급히 서둘러야 할 과제임을 절감하였다고 한다.

한편 그는 로봇팀끼리 축구 경기를 하는 대회에 매년 출전하였다. 그의 목표는 2050년까지 로봇컵 우승팀이 인간 월드컵 우승팀과 경기를 해서 이기는 것이었다. 출전 초기에는 실력 부족으로 어려움을 겪기도 하였는데, 이후 5년 연속 우승을 거두었다.

그런데 옆에 있던 어떤 사람이 축구에 빠진 그가 답답하게 보여서 데니스 홍에게 이렇게 물었다고 한다.

"왜 로봇으로 축구하는 데에 시간과 돈을 낭비하십니까? 축구 말고 더 중요한 일에 써야 하는 거 아닌가요?"

그 물음에 대한 그의 대답은 "로봇이 축구조차 못한다면 어떻게 중요한 일에 사용할 수 있겠습니까?"였다.

실제로 사람의 생명을 구하는 로봇에 사용하는 기술은 로봇이 축구를 하는 데 사용하는 기술이었다고 한다. 그에게는 사람의 생명을 구하는 로봇을 구현하는 뚜렷한 동기가 있었다. 그리고 그것을 이루기 위하여 목표를 축구 잘하는 로봇, 육상 선수 수준의 로봇으로 정하였다. 그렇게 매번 게임을 하면서 놀이하듯이 연구를 계속하였던 것이다.

그는 이족보행 로봇 '나비', 사족보행 로봇 '알프레드' 등도 개발하였는데, 로봇이 끊임없이 개발되는 원동력에 대하여 '재미'를 꼽았다. 그는 "로멜라 연구소(데니스 홍이 소장인 로멜라 연구소는 세계 최고의 로봇연구소 가운데 하나로 꼽힌다)는 밤낮없이 학생들이 북적거리는데, 그것이 약속이어서가 아니라, 스스로 재미가 있기 때문이다. 재미가 있으면 열정이 생기고 이후 탐구력, 창의성은 자연스레 따라온다. 재밌는 아이디어가 나오면 연구자들이 스스로 모여 토론하고, 그 자리에서 만들고 실험하고 고장도 낸다."라고 덧붙였다.

잘 놀면 놀수록 그의 로봇 공부는 더 깊어진다. 놀이와 공부가 별개의 것이 아니라는 것을 보여 주는 살아 있는 증거이다.

오늘날 많은 기업과 기관에서 창조와 혁신을 부르짖고 있다. 그런데 정작 동호회나 마니아 그룹에 비해서 혁신이 더 늦은 경우가 많다. 창의나 혁신은 구호를 부르짖거나 위에서 시킨다고 곧바로 이루어지는 것이 아니다. 창의와 혁신은 적극적인 참여와 자율이 결합되어야 한다. 그러기 위해서는 재미와 흥미가 지속되는 환경이 필요한데, 일을 놀이처럼 할 수 있으면 지치지 않고 앞으로 나아갈 수 있다.

사실 아이들은 놀이를 통하여 많은 것을 배운다. 그렇지만 무조건 놀기만 한다고 해서 배움이 잘 일어나는 것은 아니다. 잘 놀기 위해서는 충분히 활동할 수 있는 장(場)이 마련되어야 한다.

"적절한 환경과 기회를 제공하면 아이들은 스스로 배움을 조직화할 수 있다."는 미트라 교수의 말처럼, 거꾸로 교실은 그러한 장을 제공하는 플랫폼이다.

—
공부와 놀이
—

중학교에서 영어를 가르치던 어떤 선생님은 학습에 흥미를 잃어버린 아이들이 너무 많아서 고민이었다. 한 반에서 2~3명만이 수업에 열중할 뿐, 많은 아이들이 방관자로 행동하고 있었다. 열심히 수업을 준비하였지만 매번 결과는 참담하였다.

그러던 어느 날, 수업에 전혀 관심 없던 한 학생의 연습장을 보게 되었다. 선생님은 연습장에 그려진 만화를 보고 그 학생이 만화에 탁월한 소질이 있음을 알게 되었다. 그래서 학생에게,

"그림을 잘 그리는구나. 이왕이면 교과서에 나온 단어를 소재로 만화를 그려 보는 게 어때?"라고 말하면서 종이 한 장을 주었다.

그리고 다음 시간에 그 학생은 정성껏 만화를 그려 왔다. 아이의

정성과 수고를 격려하는 의미에서 만화에 쓰인 단어의 철자 일부를 화이트로 지우고 학생 수 만큼 복사를 해서 나누어 주었다.

프린트물을 받자마자 아이들은 만화 퀴즈를 푸는 데 정신이 팔렸다. 아이들이 얼마나 몰입을 하였던지 교실이 정말 고요해져서 시계 초침 소리만 들릴 뿐이었다. 수업 시간에 한번도 볼 수 없었던 풍경이었다. 선생님은 '아, 아이들이 이렇게 집중할 수도 있구나.' 하는 생각이 들면서 무언가가 희망이 보이는 것 같았다.

그래서 숙제 내 주는 방식을 바꿔 보았다. 이전에는 영어 단어 암기 숙제를 얼마만큼 외워 오든가, 몇 번 써 오든가 하는 식으로 내 주었는데, 그 대신 빈 양식을 인쇄해서 나누어 주고 만화를 그려 오도록 하였다. 그랬더니 한 번 숙제를 내 줄 때마다 많은 양의 이미지 단어 학습지가 만들어졌다.

선생님은 그 당시 아이들의 변화가 놀라웠지만 왜 그런 변화가 생겼는지에 대해서는 정확하게 알지 못하였다고 한다. 훗날 돌이켜보니 만화를 보고 단어를 맞추는 것은 학생들에게 학습이 아닌 놀이였음을 깨닫게 되었다. 강요된, 주어진 학습을 한 것이 아니라 놀이에 참여하면서 스스로 공부를 하였던 것이다.

그런데 학생 중 몇 명은 그림을 잘 그리지 못해서 어려움을 호소하였다. 그래서 그 학생들에게는 다른 미션을 제시하여, 낱말 퍼즐이나 낱말 찾기 과제를 직접 만들어 보라고 하였다. 그랬더니 각자 자신이 흥미 있는 방법으로 퍼즐이나 퀴즈 등을 만들었다.

낱말 퍼즐은 단어가 겹치지 않으면서 연결이 되도록 만들어야 하기 때문에 난이도가 높은 편이었다. 주로 상위권 학생들이 퍼즐 맞추기 만드는 것에 많이 도전하는 것을 볼 수 있었다. 퍼즐과 퀴즈를 만들면서 단어를 수십 번 반복하다 보니 자연스레 공부가 되었다.

이렇게 만화를 그리고 퍼즐을 만들면서 학생들은 자신들의 과제를 '작품'으로 인식하였다. 그러다 보니 정말 정성껏 숙제를 해 오게 되었다. 평가는 마감일까지 제출하면 무조건 만점을 주었다. 대신 하루 늦을 때마다 1점씩 차감을 하였다.

영어 선생님은 각자의 기질과 수준에 따라 학습 방법과 스타일이 다르며, 자신에게 맞는 방법으로 공부할 수 있도록 도와주는 것이 중요하다는 것을 인식하게 되었다. 또 아이들은 놀이를 통해서도 얼마든지 공부를 할 수 있다는 것을 알게 되었다.

그렇게 시간이 흐르고 배움이 즐거워지자 몇몇 학생들은 선생님이 시키지 않았는데도 자발적으로 영영사전 서비스를 이용하여, 다양한 형태의 영어 힌트를 카페에 올렸다. 어떤 학생들은 직접 퀴즈를 만들기도 하고 댓글을 달기도 하면서 자발적으로 배움이 일어나는 것을 볼 수 있었다. 이제 더 이상 단어 암기 숙제 따위는 내 줄 필요가 없게 된 것이다.

가장 좋은 학습법은 학생들이 자신이 가장 잘할 수 있는 방법을 활용하여 다른 학생들을 가르쳐 보는 것임을 인식시켜 주는 좋은 사례라 할 수 있다.

슬로 리딩 수업에서 하시모토 선생님은 학생들이 공부하는 재미를 만끽하도록 이끌었다. 공부에서 재미를 제거하면 몰입으로 가기가 어렵다. 천천히, 그리고 샛길로 빠지면서 서서히 학생들은 수업과 배움에 빠져들었던 것이다.

거꾸로 공부 포인트

❶ 공부와 놀이는 둘이 아니다.
❷ 놀이의 장점을 취해 공부에 가미한다면, 아이들은 더 쉽게 공부에 빠져들 수 있다.

다양한 읽기와
스스로 꿈을 찾는 수업

많은 청소년들이 세계적인 베스트셀러 해리포터를 읽었다. 이 책의 어떤 어린이 독자를 붙들고 주인공과 여러 사건에 대해서 이야기해 보라고 하였더니 쉴 틈을 주지 않고 열심히 설명하였다. 해리의 이마에 있는 상처가 무엇을 의미하는지는 물론, 주문mantra의 쓰임과 용도에 대해서 매우 세부적인 부분까지 손으로 제스처를 하면서 진지하게 설명을 하였다. 그 아이는 누가 학습을 시킨 것도 아닌데 작은 지명까지도 기억하고 있었다. 어떤 아이들은 교사가 시키지도 않았는데 자기들끼리 모여서 해리포터의 내용과 줄거리 등등에 대해 토의하고 의견을 나누기도 하였다.

해리포터 시리즈는 읽기에 결코 짧지 않은 분량이다. 하지만 전 세계의 많은 독자들이 7부작의 책을 즐거운 마음으로 읽었고, 아이들에게는 덤으로 학습의 효과가 나타났다. 책을 통해 역사, 지리, 철학, 종교, 문화에 대한 지식을 익혔고, 진리, 정의, 사랑, 우정 같은 가치에 대해서도 생각해 보게 되었다. 이를 보면 아이들에게 다양한 읽기 활동은 세상이라는 교실을 적절히 활용하는 좋은 방법이라는 것을 확인할 수 있다.

'방학 독서'와 '한 달에 한 권 읽기'

《은수저》슬로 리딩 수업을 하면서 학생들은 그 외에도 다양한 독서와 독후 활동을 병행하였다. 《은수저》를 슬로 리딩으로 천천히 함께 배워 나가면서, 선생님은 그 와중에도 틈틈이 다양한 독서를 진행할 수 있도록 이끌어 주셨던 것이다.

중학교 1학년 첫 여름 방학을 맞이한 학생들에게 하시모토 선생님은 《알프스 소녀 하이디》를 읽어 오라는 방학 숙제를 내 주셨다. 문명과 떨어진 대자연 속에서 할아버지와 함께 생활하는 클라라의 삶을 통해 아이들은 많은 것을 배울 수 있었다. 아이들은 자신의 삶과 비교하며 독후감을 써 내려갔는데, 대부분 그리 어렵지 않다고 여겼다. 선생님은 여름 방학이 끝나고 아이들이 제출한 감상문을 하나로 묶어서 모두에게 나누어 주셨다. 어떤 작품에는 평을 해 주기도 하였다.

선생님은 독서를 통하여 부족한 인생 경험을 보충해 주기 위하여 아이들에게 많은 책을 읽도록 권장하였다. 대표적인 것이 〈방학 독서〉와 〈한 달에 한 권 읽기〉 수업이다. 지정한 책은 학년에 따라 다르고, 일본 작품뿐 아니라 외국의 문학 작품도 다수 채택하였다.

중1의 경우에는 나쓰메 소세키의 《도련님》이나 아쿠타가와 류노스케의 《라쇼몽》과 같이 읽기 쉬운 책을 선택하였다. 그리고 학년이 올라가면 좀 더 수준 높은 고전 등을 선택하였다. 예를 들어, 《고사기(古事記)》나 우에다 아키나리의 《우게쓰모노가타리》 같은 책들이다.

《고사기(古事記)》나 우에다 아키나리의 《우게쓰모노가타리》 같은 책들은 학생들이 읽기에 벅찬 책들이었다. 하지만 하시모토는 읽을 수 있을 만큼만 읽어도 충분하다고 생각하였다. 지금 이해할 수 있는 만큼만 이해하고, 시간이 흐른 뒤에 이해되는 것은 그때 이해해도 늦지 않다는 것이었다.

이처럼 학생들은 슬로 리딩과 다독을 병행하며 깊고 수준 높은 공부를 해 나가고 있었다.

'스스로 꿈을 찾는 국어 수업'으로 EBS에 소개된 한 고등학교의 수업 방식도 슬로 리딩 수업과 닮아 있다. 이 수업은 교과서 진도에 맞춘 학과 수업이라 할 수 있는 '지식 수업'과 자신이 좋아하는 책을 읽고 서평을 쓰는 '독서 수업', 모둠별로 책의 저자나 주위 어른들을 만나고 인터뷰해서 보고서를 제출하는 '교외 수업'으로 구성된다.

선생님과 함께하는 수업 시간은 학생들의 자리 배치가 모둠 토론

형식으로 바뀐다. 교과 수업 때에는 그날 진도 나갈 부분을 먼저 20분 정도 읽고 토론을 한다. 교과 수업의 앞 또는 뒤에 자기가 읽고 싶은 책을 읽는 시간이 10분 정도 주어진다. 그런데 주목할 것은 일주일에 한 시간은 통째로 책 읽기에 몰두한다는 사실이다. 한 학기에 두 권씩, 수업 시간에 온전히 책 읽는 시간을 갖는 것이다.

모둠별 토론 수업이 진행되면 학생들은 준비해 온 질문을 가지고 서로 설명하거나 토론한다. 그러면 선생님은 모둠을 돌아다니며 질문에 답변을 해 주기도 한다.

서평 쓰기는 한 학기에 1~2회 정도 진행한다. 서평을 쓰는 방식은 책에서 기억할 만한 것, 책의 내용과 관련된 세상의 일, 책과 관련된 자신의 체험 등을 중심으로 적는 것이다. 학생들이 제출하는 서평의 분량은 A4 5장 정도인데, 학생들이 쓰기에 결코 만만치 않은 분량이다. 서평을 제출하면 선생님은 짧게라도 서평에 대하여 이야기를 해 준다.

인터뷰 중심의 교외 수업은 1학기와 2학기로 나누어 약 한 달 정도 진행되는데, 인터뷰 준비나 보고서 수정 작업은 수업 시간에 함께 이루어진다. 이런 교외 인터뷰 수업은 학교 안이 아닌 밖에서 행해지는 수업이라는 데 큰 의미가 있다. 진짜 세상과 만나는 것이다.

선생님은 전체 수업 중에서 교과서 수업은 30~50% 정도만 할애한다. 그 정도면 교과서가 요구하는 지식은 익힐 수 있다고 보고, 배운 지식을 활용하는 데 나머지 시간을 투자한다. 다양한 수업 활동을 통하여 문서를 작성하거나 면접을 보는 방법, 세일즈 역량, 소통하는 법 등 다양한 스킬을 저절로 배우게 된다.

'스스로 꿈을 찾는 국어 수업' 시간은 지식과 활동을 조화롭게 계획하여 학생들이 자신의 꿈을 찾고 인생을 살아가는 데 실질적인 도움이 되도록 구성되었다. 사실 이 수업이야말로 진정한 거꾸로 수업이 아닐까 하는 생각이 들었다. 거꾸로 교실의 핵심은 동영상이 아니라, 학생들에게 새로운 배움의 기회를 제공하고 세상에서 살아갈 힘과 역량을 축적하는 데 의미가 있다.

▼●▼

쓰기를 통한 거꾸로 배움

〈은수저 연구 노트〉와 여름 방학 독서를 통해 공부의 폭과 깊이를 확장하였던 학생들은 더 큰 공부의 바다에 빠지게 되었다. 겨울 방학이 되자 하시모토 선생님이 아이들에게 '자신만의 은수저'를 써 보라고 한 것이다. 첫 겨울 방학 숙제는 어린 시절의 자신을 회상해서 수필을 쓰는 것이었다.

한 학생은 자신이 7살 때 겪은 대공습의 아침을 떠올렸고 그것을 써 보기로 하였다. 집이 모두 불타고 마당에서 죽을힘을 다해 밭으로 달려갔던 일, 밭 가운데 있던 집들이 폭격으로 불타 무너지던 순간들, 그것을 바라보면서도 공포감을 느끼지 않고 담담하였던 일, 친한 친구의 집도 폭격을 맞았는데 그것을 바라보며 국철 선로를 따라 증권 거래소 지하로 피난하였던 일…. 마지막을 어떻게 매듭지을까 고민하다가 밭 가운데 폭격을 맞은 집에 살았던 친구와 중학교 입학해서 다시 만나는 것으로 마무리하였다.

학생은 자신에 대한 수필을 쓰면서 《은수저》주인공과는 매우 다른 어린 시절을 보냈음을 발견하였다. 그리고 왜 선생님께서 《은수저》를 교재로 선택하셨는지도 이해할 수 있게 되었다.

해가 바뀌어 2학년이 된 아이들은 자신들의 수필이 한 권의 문집으로 정리되어 있는 것을 확인할 수 있었다. 하시모토 선생님이 아이들의 첫 수필을 깔끔하게 정리한 것이다. 어떤 작품에는 간단한 감상평도 적어 놓으셨다. 이러한 경험이 쌓이면서 아이들은 글을 읽고 쓰는 일이 점점 더 좋아졌다.

1968년에 고2 학생들에게는 '고전 공동 연구'라는 것을 하도록 지도하였다. 각 반에서 3~5명이 한 조가 되어 조별로 주제를 정하고, 여름 방학 기간 동안 조사를 끝낸 다음, 9월말에 연구 성과를 리포트 형식으로 제출하는 작업이었다. 학생들은 다양한 주제를 정하였는데 〈논어에 등장하는 인물의 평론 및 그 정신〉, 〈이세모노가타리에 등장하는 시의 테크닉〉, 〈도연초 비판〉 등이었다.

이러한 주제로 리포트를 제출한 학생들은 거기서 멈추지 않았다. 자신들의 연구 성과를 직접 책으로 엮었다. 요즘 표현으로 '소논문집'이라고 불리는 것을 만든 것이다. 중요한 것은 이 어려운 작업 과정에서 한 명의 탈락자도 없었다는 것이다. 이렇게 하나의 결과물을 만들어 내는 과정에서 기쁨을 맛본 학생들은 자신의 흥미와 적성을 더 잘 알고, 배움의 기쁨을 키우며, 공생(共生)하는 법을 배웠다.

학창 시절에 자신의 지적(知的) 성과물을 생산하는 것은 매우 의미 있는 일이다. 이처럼 학생이 성적이 아니라 자신의 창조 작업을 통해 의미 있는 결과물을 만드는 일련의 과정이야말로 진정한 공부의 과정이 아닐까?

이 방식은 최근에 널리 유행하는 '포트폴리오' 방법과 유사하다. '포트폴리오'는 학생이 자신의 흥미와 관심이 있는 분야를 정하여 일정기간 연구와 학습, 체험 등을 통해 체계적으로 정리하여 하나로 통합하는 것이다. '포트폴리오'란 용어는 공문서나 인쇄물 등을 가지고 다닌다는 뜻의 이탈리아어인 'portafoglio'에서 유래되었다. 포트폴리오는 르네상스 시대의 화가들이 자신의 작품 샘플을 고객들에게 보여 주기 위한 용도로 사용하였다. 그 후 예술가, 화가, 교사들이 자신들의 교육 수준이나 경력, 자질 등을 보여 주기 위한 수단으로 사용하였고, 현대에 와서는 그 의미가 더욱 확대되었다.

특히 대학에 입학하는 학생에게 있어 포트폴리오의 의미는 단순히 과거의 내용을 논리적으로 정리해 모아 놓은 것뿐만이 아니라, 미래 직업 세계에 대해 자신을 브랜드화시켜 가치를 높이는 도구라고 할 수 있다. 즉, 학생 포트폴리오는 단순한 홍보 자료에서 머무는 것이 아니라 자신이 그 일에 적임자이며, 뛰어난 창조적 사고와 문제 해결 능력이 있음을 보여 주는 것이다. 이러한 요구로 인해 자신의 경험과 관심사를 체계적으로 연구하고 탐색하여 창조적 결과물을 만드는 포트폴리오를 구성하는 일이 요즘은 일반화되었다.

그런데《은수저》수업에서 주목할 만한 일은 입시를 위해 의도적으로 포트폴리오를 준비한 것이 아니라는 것과, 창작 결과물이 주로 손 글씨를 통하여 이루어졌다는 것이다.

슬로 리딩 수업에서 쓰기를 강조한 이유

앞에서 살펴본 〈은수저 연구 노트〉에 있는 다양한 활동지는 학생들이 모두 문장 형태로 써 넣어야 하는 것들이다. 〈월 1권 독서〉의 경우도 읽은 내용에 대해 원고지 2매 정도로 줄거리와 내용을 정리해야 한다. 그리고 자신에게 좋았던 부분, 아름답거나 감명 받은 부분에 대해서도 적게 하였다. 그리고 책에 언급된 내용 중에 찬성하는 부분과 반대하는 부분에 대해서도 자신의 의견을 적도록 하였다.

또 어떤 때는 중학교 2학년 학생들에게 일본 명치 시대의 천재 시인인 이시가와 다쿠보쿠의 《다쿠보쿠 시집》을 읽도록 하였다. 보통 때는 독서 감상문을 숙제로 냈는데, 이 해에는 시집을 읽고 나서 10편 이상의 시를 쓰도록 하였다. 시집을 읽고 감동을 받았는지 아이들이 제출한 시 중에는 훌륭한 작품이 많았다. 하시모토 선생님은 그것들을 모아 학년 시집을 만들었다. 그렇게 매년 시집을 만들다 보니 총 16권의 시집을 발간하게 되었다.

이렇게 아이들은《은수저》를 천천히 읽고, 다양하게 읽고, 읽은 것들을 종합하여 자신의 언어로 풀어 썼다. 하시모토 선생님은 왜 책을 읽는 것에 그치지 않고, 이렇게 쓰는 일에 집착하였을까? 그는 "쓰는 행위를 통해 판단력과 구성력, 집중력이 길러지는데, 이것은 읽기만을 통해서는 익히기 어려운 능력이다."라고 말한다.

자신의 생각을 글로 적을 때 모호하고 구체적이지 않았던 것들이 명백해지고 생각이 예리해진다. 글을 쓸 때 생각이 정교해진다는 사실은 글을 써 본 사람이라면 누구나 동의할 것이다. 사실 학생들에게 학습을 지도할 때도 '쓰기'를 병행하면 훨씬 더 학습 효율이 높다는 것을 발견할 수 있다.

링거와 애플비는 이와 같은 사례를 연구하여 발표한 바 있다. 고등학교 학생들 중에서 사회책에서 한 부분을 읽고 그 내용에 대해 분석하는 에세이를 작성한 집단과 단순히 공부 기술을 동원해서 공부하라고 한 집단을 비교하였다. 그 이후 다양한 평가를 진행하였다. 평가를 분석한 결과, '쓰지 않고 읽기만 한 집단보다 에세이를 작성한 집단의 학업 성적이 더 나았다.'고 한다.

또 읽기 자료가 쉬운 경우보다 읽기 자료가 어려운 경우 이러한 에세이 쓰기가 훨씬 효과적이었다. 대학생들을 대상으로 한 강굴리 Ganguli 의 실험에서도 유사한 결과가 나왔다. 수학과 학생들을 대상으로 한 실험에서, 수업 시간에 나온 중요 개념을 3분씩 투자하여 써 본 학생들은 학기말 시험에서 비교 집단보다 월등히 나은 성적을 보였다.

쓰기는 사람을 좀 더 현명한 사람으로 만들어 준다고 할 수 있다. 따라서 독서는 읽기만을 말하는 것이 아니라 쓰기를 포함한 행위임을 알 수 있다. 《은수저》 아이들이 참여하였던 쓰기 수업은 훨씬 더 광범위하고 사고력을 요구하는 내용들이었다. 거꾸로 수업에서도 다양한 쓰기 활동이 이루어지는 것이 좋다.

거꾸로 공부 포인트

❶ '읽기'는 '쓰기'를 포함한 개념이다.
❷ '쓰기'를 통해 생각이 깊어지고 사고가 정교해진다.
❸ 쓰기 활동은 학습 효과를 극대화한다.

하우 투 플립러닝

5

콘텐츠 생산과
거꾸로 공부

콘텐츠를 생산하는 미래 교실

작가 조앤 롤링의 해리포터 시리즈는 80개 이상의 언어로 번역되어 5억 부가 넘게 팔렸다. 워너 브라더스가 제작한 일곱 편의 해리포터 영화는 무려 90억 달러 이상의 흥행 수입을 올렸다. 해리포터가 영화, 게임, 음악, 뮤지컬, 광고 등으로 확산되어 1997년부터 2006년까지 올린 매출액은 308조 원으로 추산된다. 이 기간 동안 한국의 반도체 수출 총액인 231조 원을 크게 웃도는 수치이다.

해리포터는 하나의 훌륭한 문화 콘텐츠가 얼마나 사회적·경제적으로 파급 효과가 큰 지를 잘 보여 주는 좋은 예이다. 도서 출판 수익뿐만 아니라 영화, 캐릭터, 관광에 이르기까지 그 효과가 미치지 않는 곳이 없다. 관광객들은 해리포터가 9와 3/4 플랫폼에서 호그와트 급행 열차를 탑승하였던 런던 킹스크로스 기차역에 들린다. 소설을 읽으며 생각하였던 그 느낌과 감동을 얻기 위해 먼 길도 마다하지 않는 것이다. 이곳은 소설이 나오기 전에는 평범한 역이었다. 이렇듯 하나의 스토리가 담기면 전혀 다른 의미의 공간이 되고, 색다른 감동을 선사하게 된다.

영국의 콘텐츠 산업은 그 뿌리가 깊다. 인도와도 바꿀 수 없다는 셰익스피어가 있었고, 음악의 경우 세계를 열광시킨 비틀즈가 있었다. 또 청소년기에 한번쯤 읽으며 손에 땀을 쥐었을 셜록 홈즈가 있다. 이러한 바탕 위에서 대처 수상은 영국의 경제를 일으킬 산업은 '창조 산업'이라 선언하고 스토리 창작에 집중적인 투자를 함으로써, GDP의 10%에 육박하는 창조 산업Creative Industry 을 육성하였다.

영국에서 다양한 문화 콘텐츠가 생산된 것은 우연이 아니다. 콘텐츠의 중요성을 일찍이 알고 그것을 지원하였던 정부와 창조적 역량을 가진 다양한 분야의 창조자들이 있었기 때문이다.

학생들이 학교라는 공간 속에서 일찍부터 콘텐츠의 중요성을 알고, 그것을 만드는 역량을 개발할 기회를 갖는 것은 매우 중요하다. 학교 안에서 배움이 일어나고 학생들이 세상에 나갈 준비를 충실히 하기 위해서, 콘텐츠를 생산하는 관점으로 스스로를 규정할 수 있도록 도와주어야 한다. 자신의 연구 성과를 드러내는 책 쓰기뿐만 아니라 작곡이나 그림, 디자인, 동영상, 영화 ,연극, 건축, 소설, 발명품 등 다양한 방식으로 자신만의 콘텐츠를 만들다 보면 기성세대를 능가하는 작품들을 많이 만나 볼 수 있을 것이다.

존 테일러 개토는 '현재의 학교는 아이들이 피고용주와 소비자가 되도록 훈련한다'고 비판하였는데, 학교 안에서 이러한 콘텐츠 제작의 기회가 제공되어 미래 교실로 탈바꿈해야 아이들이 피고용주나 소비자에 머물지 않고 창조적인 생산자로 자라날 수 있을 것이다.

학습 범위에 제한을 가하거나 경계를 정해 놓지만 않는다면 자신의 무궁한 가능성을 증명해 낼 역량이 학생들에게는 충분히 있다.

조앤 롤링이 해리포터의 첫 구상으로부터 원고를 완성하기까지 5년의 시간이 걸렸다. 소설은 완성하였지만 조앤에게는 그것을 복사할 돈이 없었다. 그래서 원고를 타자기로 두 번이나 옮겼다. 출판사에 출간을 의뢰하였지만 12군데에서 거절을 당하였다. 그러다 작은 출판사와 겨우 계약이 이루어졌다. 1995년 가난한 작가 롤링이 블룸스베리라는 출판사와 계약을 맺을 때 받은 선불금은 고작 2,400달러였다. 초판은 500부밖에 찍지 않았다. 전 세계를 뒤흔든 해리포터는 이렇게 소박하게 출발하였다.

1997년 해리포터가 출간되자 이 책의 진가를 알아본 사람은 미국의 출판업자 아서 레빈이었다. 레빈은 10만 5,000달러에 판권을 사들였다. 그리하여 영국의 콘텐츠에 미국의 마케팅이 결합되었다. 덕분에 해리포터는 다양한 모습으로 세계인에게 다가갈 수 있었다.

영국은 해리포터, 셜록 홈즈, 007 시리즈를 비롯하여 영화와 방송 등 글로벌 문화 콘텐츠 히트 작품의 산실이다. 그런데 이들 영국의 문화 콘텐츠를 사들여 글로벌 시장에 유통시켜 더 큰 부가 가치를 창출

한 것은 미국이다. 미국은 영국이 만든 소스를 사들여 전 세계에 유통시켜 산업화한다.

문화 콘텐츠를 '문화'를 넘어 '산업'으로 이어지도록 하는 것이 중요하다. 해리포터 사례에서 보듯, 문화 콘텐츠를 산업화하기 위해서는 대중에게 어필할 수 있는 콘텐츠를 선별할 수 있는 안목과, 콘텐츠를 만들고 유통시키는 구조에 대한 이해도 매우 중요하다는 것을 알 수 있다.

따라서 학생들이 다양한 콘텐츠를 만들되 유통이나 마케팅, 경영에 관심 있는 학생들로 하여금 광고나 마케팅을 연구하고 실천해 보도록 하는 것도 좋은 방법이다.

책을 출판할 때도, 예전에는 저자가 원고를 써 오면 출판사에서 그 원고를 편집하고 유통하는 식으로 역할을 나누었다. 하지만 요즘에는 원고를 쓸 때부터 출판사와 저자가 머리를 맞대고 집필 방향과 마케팅 경로를 협의하면서 진행하는 경우도 많다. 이처럼 하나의 콘텐츠를 만들 때 팀을 짜서 각자가 잘할 수 있는 분야의 역할을 맡고, 처음부터 함께 협업하면서 작업을 진행하면 작업의 전 과정을 익힐 수 있다. 또 하나의 콘텐츠가 생산되어서 어떤 경로로 소비자와 만나게 되는지도 알 수 있을 것이다.

콘텐츠를 생산하고 그것을 산업으로 연결하는 큰 그림을 그려 가는 작업은 과거의 교실에서는 좀처럼 만들기가 어려웠다. 그러므로 거꾸로 교실을 통해 이러한 과정이 반복되고 좀 더 진화된 모습으로 발전해 나가야 한다. 미래의 교실은 콘텐츠를 소비하는 것에서 벗어나, 다양한 방식으로 콘텐츠를 생산하는 방향으로 전환되어야 한다. 그렇게 해야 학생들이 생산자와 주도자, 창조자의 길을 걷도록 도울 수 있다.

거꾸로 공부 포인트

❶ 학생들이 콘텐츠를 소비하는 입장이 아니라 생산자의 입장에서 공부할 수 있다면, 배움의 열망을 극대화할 수 있다.

융합 교육과 창조

최근 몇 년간 세계 교육계가 주목하고 있는 핀란드의 교육 정책 중 하나는 현상 기반 수업Phenomenon Based Learning 의 확대이다. 핀란드는 2016년부터 PBL 수업을 전국 학교에서 시행하는 교육 정책을 발표하였다. 1년에 한 번 이상 학교마다 자율적으로 PBL을 시도하도록 권고하였는데, 학교는 이 통합 교과 주간을 1년에 최소 60시간 이상 실시하며, 각 학생이 이 학습에 참여할 기회를 최소한 한 번 이상 가지도록 해야 한다고 안내한다.

현상 기반 수업PBL 은 주변에서 일어나는 모든 현상Phenomenon 을 배우는 것인데, 아이들이 생활 속에서 접하는 모든 현상이 배움의 주제가 될 수 있다. 당연히 주제의 제한은 없고, 커다란 주제에 접근한다. 학교의 교사들이 '지속적인 환경 보호', '전염병', '프랑스 연구'와 같은 대주제를 정하여 학생들에게 알리면, 학생들은 조별로 모여 주제에 맞추어 자신들이 연구하고 싶은 세부 주제를 결정한다. 이때 교사는 학생들의 연구 계획서를 살피며, 그 안에 해당 학년에서 반드시 익혀야 할 핵심 교육 등이 포함되도록 이끈다.

'현상 기반 수업'은 문제 해결 수업Problem Based Learning이나 프로젝트 수업Project Based Learning보다 주제가 크고, 범위가 훨씬 넓다. 우리가 세상을 살면서 문제라고 인식하는 것을 해결하는 데 초점을 맞춘 것이 '문제 해결 수업'이라면, 꼭 문제가 아니더라도 있는 현상 자체를 배우는 것이 현상 기반 수업이다.

현상 기반 수업은 개별 과목 수업이 갖는 한계를 극복하도록 돕는다. 과목 간에 벽을 만드는 칸막이식 수업은 현실에서 사용하기 힘든 지식을 만들고, 배움에 대한 흥미도 떨어뜨린다. 이러한 방식은 현대 사회가 요구하는 '통섭형 인재'를 길러 내는 데 부족함이 많은 구조라는 것이 전문가들의 일반적인 견해이다.

아이들이 살아갈 진짜 세상은 과목으로 조각난 세상이 아니라, 하루에도 여러 과목이 동시에 진행되고 적용되는 세상이다. 따라서 수업이 통합적으로 운영될 수 있다면 아이들의 시야를 더 넓혀 줄 수 있을 것이다. 물론 개별 교과목 시간에도 현상 기반 수업을 응용하여 적용할 수 있다.

수가타 미트라의 SOLE 수업도 현상 기반 수업과 유사한 면이 있다. 반면 수업의 주제를 학생이 정하고, 정한 주제를 학생들이 이끌어간다는 점에서 조금 다르다. 그런데 이러한 수업은 수업이 어떤 방향으로 흘러갈지 예측하기가 어렵다. 슬로 리딩 수업처럼 옆길로 빠지기 쉬운 구조이다. 그 대신 학생들의 자발성과 창의성을 이끌어내는 데 훨씬 용이하다는 장점이 있다.

교사의 역할은 많이 알고 가르쳐 주는 것이 아니라, 앎이 일어날 수 있도록 도와주는 데 있다. 즉, 아이들이 질문(주제)을 정하고 그 질문에 대한 답을 찾을 수 있도록 안내하는 것이다. 그러다 보면 자연스럽게 융합 교육이 이루어질 수 있다.

융합 수업은 생각의 경계를 정하지 않고 넘나들게 함으로써 학생들의 사고에 제한을 가하지 않는다. 덕분에 학생들은 수업에 더 잘 몰입할 수 있게 된다.

우리나라의 교육 현장에서도 이러한 한계를 극복하기 위한 노력이 계속 진행 중이다.

몇 년 전에 EBS 〈최고의 교사〉 프로그램에 한 인문계 고등학교의 통합 논술 수업이 방영된 적이 있다. 이 수업은 하나의 주제를 가지고 3명의 교사가 자신의 전문 분야와 관련된 수업을 함께 진행하는 방식으로 이루어지는데, 혼자서 강의하는 수업보다 학생들의 집중도가 훨씬 높았고 반응도 좋았다.

예를 들어, 생활과학 교과서의 '약물을 오남용하면 어떤 부작용이 생길까?'를 주제로 수업을 한다면, 물리 선생님은 '약물과 알코올에 대한 과학적 측면'에 대해서 설명을 하고, 윤리 선생님은 '예술가들의 약물 중독'에 대한 이야기를 펼친다. 약물의 오남용에 대한 접근이 과학 교과에서 사회나 미술 등으로 확대되는 것이다. 그 다음 경제 선생님이 '외부 효과와 약물 오남용'이라는 주제로 경제 영역에서 다른 관점으로 접근하게 된다. 다양한 견해와 관점을 듣고 학생들은 한 과목의 한 가지 주제에 대해 여러 과목의 눈으로 볼 수 있게 되고, 그것들을 소화하여 글을 써 나가게 된다.

통합 논술 수업은 선생님들의 독서 모임에서 시작되었다. 이 모임은 '선생님들끼리 함께 모여서 책을 읽고 토론하며 생각을 키우자'는 소박한 마음에서 출발하였다. 그런데 모임이 계속되면서 서로 다른 전문성과 관심 분야로 인해 이야기를 나눌수록 통합적 사고가 되고 신선함을 체험하게 되자, 아이들도 이러한 경험을 해 보게 하자는 취지로 시도하게 되었다.

이렇게 융합형 수업이 현장에서 진행된다면 많은 도움이 될 것이라 여겨지지만, 문제는 서로 뜻이 맞는 선생님들끼리 함께 하기가 쉽지 않다는 점이다.

그 대안으로 효과적이면서 통합 교과 수업을 뛰어넘을 만한 방법 중 하나가 '책 쓰기'이다. 책을 쓰게 되면 자신이 정한 주제의 모든 분야를 살펴보아야 하므로 과목의 경계는 무의미해진다. 주제와의 연계성이 중요할 뿐이다.

가령, '연날리기의 역사'라는 주제로 책을 쓴다고 하자. 책을 쓰기 위해서는 연의 구조와 만드는 법, 특징, 연의 쓰임새, 명절, 계절과 바람, 무늬 그리기, 연의 종류 등 참으로 다양한 분야에 대해 조사를 해야 한다. 미술, 과학, 사회, 역사, 수학 등 모든 과목이 동원되고, 자연스럽게 융합형 공부가 된다. 이처럼 '책 쓰기'도 중요한 융합 교육의 실천 프로그램이 될 수 있다.

창조의 기준을 만들다

1960~1970년대 우리나라는 전체 국민의 10%가 간염 바이러스 감염자일 정도로 '간염 후진국'이었다. 하지만 1980년대 이후 간염 백신이 보급되면서 감염자 수가 서서히 줄기 시작하였다. 그 결과 현재는 전체 20세 이하의 남녀 중 간염 바이러스 감염자는 0.5~2% 수준으로 급격히 떨어졌다. 백신의 발견과 보급으로 국민 건강의 수준이 향상된 것이다.

바로 이 B형 간염 백신을 개발한 사람이 김정룡 전 서울대 의대 교수이다. 김 교수는 1971년 세계 최초로 B형 간염 바이러스를 혈청에서 분리하였고, 그 후 급·만성 간염과 간경변증 및 원발성 간암의 퇴치에 가장 효과적인 백신을 개발하는 데 성공하였다. 이로 인해 우리나라는 '간염 후진국'에서 벗어날 수 있었다.

그런데 여기서 한 가지 되짚어 볼 대목이 있다. 김 교수는 세계 최초로 B형 간염 백신을 개발하였지만 상용화한 것은 세계 세 번째였다. 백신을 만들어 놓고도 보건사회부(현 보건복지부)의 허가를 받지 못하였기 때문이다. 처음 있는 일이라 한국에 인증 기준이 없었다. 그래서 1981년 미국의 '머크 샤프 앤드 돔'과 프랑스 '파스퇴르 연구소'에서 백신을 상용화하고 나서야, 그것들을 기준으로 보건사회부에서 허가를 내 주었다. 김 교수는 백신을 우리나라 수출 상품으로 만들 기회였는데, 안타깝게 기회를 놓쳤다고 아쉬워하였다.

그렇다면 당시 보건사회부에서는 세계 최초로 개발한 백신을 왜 인증해 주지 않았을까? 세계 최초라면 우리나라가 그 기준이 되는 것인데, 왜 다른 나라에서 상용화되는 것을 보고서야 인증을 해 주었을까?

외부에서 기준을 들여와서 적용하는 습관을 가진 사람은, 자신도 기준이 될 수 있다는 생각을 갖기가 거의 불가능하다. 언제나 남이 만들어 놓은 기준에 맞추어 생각하고 행동하기 마련이다. 내가 어떤 기준을 제시하는 입장이 된다는 것에 두려움을 느끼고, 혹시 잘못되지 않을까 불안해한다. 이제는 '나도 기준이 될 수 있고, 남에게 기준을 제시할 수 있다'는 발상의 전환이 필요하다.

우리 학생들에게 기준을 만드는 습관을 기를 수 있고, 기준의 창조자가 되는 연습과 기회를 제공해 주어야 한다. 자신의 관심과 흥미를 기반으로 한 다양한 콘텐츠의 생산 과정이 그러한 장(場)을 제공할 것이다.

거꾸로 공부 포인트

❶ 학생들에게 기준을 만드는 습관을 기를 수 있고, 기준의 창조자가 되는
   연습과 기회를 제공해야 한다.

거꾸로 온라인 학교

**새로운 규칙과
게임을 만들어 내는
능력**

2016년, 클라우스 슈밥 세계경제포럼 회장은 다보스 포럼에서 '4차 산업 혁명'의 도래를 선언하면서, "과거와 같은 생각에 머문다면 미래에는 일자리를 가질 수 없을 것"이라며 미래 역량으로 '창의'와 '융합'을 강조하였다. 창의와 융합은 교육 현장의 화두가 되었고, 온라인 수업만으로 운영되는 학교도 늘어나고 있다. 대표적으로 스탠포드 온라인 고등학교Stanford Online High School 와 미네르바 스쿨을 들 수 있다.

스탠포드 온라인 고등학교는 스탠포드 대학교의 온라인 부속 기관이다. 혁신의 산실이라고 불리는 실리콘 밸리에서 탄생한 학교답게, 최고의 STEM(과학, 기술, 공학, 수학) 교육 기관으로 꼽힌다. 7학년부터 12학년(우리나라 중·고교 과정)까지의 교육 과정이 제공되고 있으며,

대학(liberal arts: 자유 교양 대학) 스타일의 학제 및 교과 과정으로 운영하고 있다. 함께 기숙사 생활을 하고 인턴십을 한다는 것만 빼고 보면, 전반적인 교육 과정은 '미네르바 스쿨Minerva School'과 유사하다.

이 학교는 '100% 온라인 수업'이라는 획기적인 방식을 도입하였기 때문에 대중과 교육자들의 집중된 관심을 받았다. 미국 전역과 해외의 학생들이 등록을 하며, 학급당 학생수는 평균 12명 수준이다. 교사들의 1:1 지도 및 다양한 교과 및 비교과 활동 등이 온라인으로 진행된다. 그런데 이것은 큰 도전이었다. 거꾸로 교실을 현장에서 진행할 때도 어려움을 겪는 교사와 학생들이 많았는데, 수업 진행 방식이 거꾸로 교실인 데다가 100% 온라인 수업이었기 때문이다. 스탠포드 온라인 고등학교는 온라인 거꾸로 수업을 진행하는 선도 학교라고 할 수 있다.

초기에 교장을 맡았던 호시 도모히로는 학교가 가장 최우선에 둔 목표는, '아이들이 학교를 벗어난 뒤에도 세상에 잘 적응할 수 있도록 강인함을 기르는 것'이라고 하였다. 그러다 보니 학교 교육에서 필수적이라고 생각되었던 시스템도 과감하게 손보았다. 강의식 수업, 학년제, 교육 과정, 시간표, 보충 학습, 시험, 순위에 따른 나열 등 일반적이고 당연하다고 여겨졌던 학교의 풍경이 거침없이 뒤바뀌었다. 새롭게 시도되는 것들도 많았다.

눈여겨볼 점은 STEM과 인문학을 유기적으로 융합한 교육이다. 예컨대, '성별과 젠더'라는 수업은 생물학자 교사와 역사학자 교사가 함께 가르치는데, 같은 주제를 두고 생물학과 역사학에서 어떻게 다르게 바라보고 해석하는지 알아볼 수 있다. 다양한 학문 분야를 교차하며 하나의 사안도 여러 관점으로 바라보고 접목하는 과정을 통하여, 학생들은 새롭고 획기적인 가치를 발견하는 안목을 기를 수 있다.

특히 이 학교에서 가장 주안점을 두는 과목은 철학이다. 모든 학생은 학년마다 철학 필수 과정을 이수해야 졸업이 가능할 정도이다. 이 학교가 이토록 STEM 교육만큼이나 철학 교육에 공을 들이는 이유는 무엇일까? 그것은 급변하는 현대 사회에서 생존하려면 단순히 지식을 많이 습득하고 분석하는 것만으로는 부족하고, 끊임없이 생겨나는 규칙에 적응하는 힘이 필요하고, 나아가 스스로 게임을 만들어 내는 능력을 가져야 하기 때문이다.

다시 말해, 융합과 철학 교육 등을 통해 '새로운 규칙과 게임을 만들어 내는 능력'을 기르는 것이 목표라는 것을 알 수 있다. 남이 만든 규칙과 게임 속에서 살아가는 것이 아니라 스스로 규칙을 만드는 사람이 되라는 것이다. 이것은 4차 산업 혁명 시대에 꼭 필요한 능력이라고 할 수 있다.

문제는 온라인이 아니라 수업 방식이다

초등학교에서부터 대학교까지 원격 수업이 도입되어 동영상 수업이나 실시간 온라인 수업이 이루어지고 있지만,

수업과 커리큘럼, 평가 등 전반적인 학습 방식은 이전과 비슷하게 이루어지는 것을 볼 수 있다. 그리고 교실이 오프라인에서 온라인으로 옮겨지면서 학생들의 수업 참여도와 집중도는 더 낮아지고, 학업 성취도도 떨어지는 모습이 발견되고는 한다. 이 문제에 대해 호시 도모히로는 온라인이냐, 오프라인이냐 하는 공간의 문제를 넘어서 가르치고 배우는 방법을 근본적으로 바로잡아야 한다고 주장한다. 강의에 기반한 수업이 아니라 학생의 참여를 높이는 방향으로 수업을 진행해야 한다는 것이다.

스탠포드 온라인 고등학교에는 지루한 강의식 수업, 나이에 따른 학년제, 획일적인 커리큘럼, 시험 성적 중심의 평가가 없다. 대신 세계 최초로 '온라인 거꾸로 수업'을 도입하여 배움의 장벽을 낮추고 학생들의 수업 참여도를 높여, 학생이 배움의 주체가 되도록 이끌어 준다. 학생이 수업 전에 강의 영상이나 읽기 과제를 통해 수업 내용을 미리 익혀 오면, 수업 시간에는 서로 토론하거나 연습 문제를 풀면서 세미나 형식의 수업을 진행한다. 강의식으로 진행되지 않는 세미나 형식의 수업에서 학생들은 활발한 소통을 통하여 그룹별 프로젝트를 수행하고 능동적으로 참여한다.

하루 중 실시간 온라인 수업은 평균 두 시간 반 정도이고, 그 외 시간에 학생들은 거꾸로 수업의 필수 요소인 자율 학습을 통하여 다음 수업을 준비하거나 과외 활동에 참여한다. 학생들은 각자의 상황에 맞추어 학습 계획을 세우고 일정을 조정한다. 만약 전통적인 방식으로 학교 시간표가 6~7시간 꽉 짜인 상태에서 이러한 수업을 진행한다면 학생들이 힘에 부칠 것이다. 따라서 수업 방식뿐만 아니라 환경적 요소까지 섬세하게 들여다볼 필요가 있다.

교사가 일방적으로 가르치는 전통적인 수업 방식은 다양한 학생들의 수요에 맞추기 어렵기 때문에 오히려 불공평한 학습 환경을 낳고 말았다. 그래서 학습자 각자에게 최적의 학습 환경을 제공하는 것은 매우 중요한 과제가 되었다. 개인 맞춤형 학습personalized learning은 획일화되고 불평등한 교육의 문제를 바로 잡는 중요한 열쇠이다.

이 학교에서는 학년에서부터 커리큘럼, 시간표 모두 학생 개인의 학습 목표와 학업 수준, 일정에 맞추어 설계되며, 학생 한 명당 심리 상담과 학습 조언, 진로 지도를 전담하는 전문 상담사가 세 명씩 배정된다. 말 그대로 한 명 한 명에게 최적화된 개인 맞춤형 학습을 제공하기 위하여 노력한다. 그리고 여기서 중요한 것이 교사의 역할이다.

학생들의 학습 내용을 데이터로 저장해 학생이 어떤 문제에 대해 어떻게 답을 하였는지 분석하여 최적의 문제를 제공하는 일은 인공지능이 얼마든지 할 수 있다. 그런데 학생은 친구와 교사의 피드백을 통하여 자신의 생각과 감정, 느낌, 판단 등을 확인하고, 전진할 힘을 얻고, 학습의 동기를 유지할 수 있다. 타인과의 교류를 통해 얻는 소통이나 협업이 최고의 학습 기회라고 할 수 있는 것이다. 따라서 인공지능과 같은 개인 맞춤형 학습을 위한 새로운 도구를 기존 교육 방식과 환경에 적절하게 잘 조합하는 것이 중요한 관건이 된다.

스탠포드 온라인 고등학교에서 개별 맞춤 학습을 위해 학생들에게 적용하는 학습 방식은 프로젝트 기반 학습project based learning이다. 과제의 수립과 수행, 해결 등 전 과정을 학생 스스로 주도함으로써 실전 감각과 문제 해결 능력, 유연한 사고, 협업 등 현대 사회를 살아가는 데 필수적인 역량을 기르게 한다. 이것은 앞에서 이야기한 '새로운 규칙과 게임을 만들어 내는 능력'을 기르는 것과 밀접한 관련이 있다.

'4차 산업 혁명 시대의 아이들에게 '새로운 것을 만드는 능력'을 키워 주려면 어떻게 수업을 바꿀 것인가?'라는 관점에서 교육을 바라본다면, 자연스레 낡은 방식을 버리고 새로운 길을 선택하게 될 것이다.

거꾸로 공부 포인트

❶ 4차 산업 혁명 시대에는 남이 만든 규칙과 게임 속에서 살아가는 것이 아니라, 스스로 규칙을 만드는 사람이 되도록 안내해야 한다.

❷ 강의에 기반한 수업이 아니라 학생들의 참여를 높이는 방향으로 수업을 진행해야 한다.

글로벌 시민 양성 '미네르바 대학'

**100% 온라인 수업의
미래 대학**

1990년대 말 미국 펜실베이니아대 와튼 스쿨 학생인 벤 넬슨은 '대학의 역사' 수업을 듣다가 대학 교육에 문제가 많다는 것을 느꼈다. 교수는 질문을 던지지 않고 일방향으로 강의하고, 100명 넘게 모인 학생들은 그러한 강의를 듣기만 하였다. 이는 그가 대학 교육 제도 개혁에 관심을 갖는 계기가 되었다. 얼마 후 그는 학생위원회 회장이 되어 프리셉토리얼 Preceptorials 이라는 소규모 세미나 프로그램을 만들어 내는 성과를 거두었다. 하지만 대학은 교육 제도 개혁에 대한 의지가 없었고, 학부생 넬슨은 목표를 달성하지 못하였다.

졸업 후 넬슨은 온라인 사진 인쇄업체 '스냅피쉬 Snapfish' 라는 벤처 기업을 설립하여 능력을 인정받아 2005년에는 회사의 최고경영자

CEO가 되었고, 2010년 휴렛팩커드에 3억 달러에 매각하였다. 이 자금에 추가로 여러 기업의 후원을 받아, 학생들의 비판적이고 창의적인 사고력과 복잡한 문제를 해결하는 능력을 키워 주기 위한 '미네르바 스쿨'을 설립하였다. 제대로 된 대학을 만들어 보고 싶은 그의 꿈은 미네르바 스쿨이 첫 입학생을 받은 2014년에 실현되었다.

28명의 학생이 2014년에 처음 입학하였고, 2019년 5월에 첫 졸업생을 배출하였다. 2020년 가을 학기 전형에는 180개국에서 2만 5,000명이 지원해 이 중 200명만이 합격하였다.

'미래의 학교'라 불리는 미네르바 대학Minerva University은 기존 대학의 틀에서 완전히 벗어났다. 모든 수업은 100% 온라인으로 진행되며, 강의실과 캠퍼스가 없다. 대신 세계 7대 도시에 7개의 기숙사가 있다. 학생들은 입학 후 1년간 미국 샌프란시스코에서 수업을 듣고, 이후 3년 동안 세계 여러 나라 대도시를 순회하며 수업을 듣는다.

미네르바 대학이 학생들에게 전 세계를 돌아다니며 문화 인류학적 여행을 하게 하는 이유는 간단하다. 이렇게 여행을 하다 보면 자연스레 서로 다른 문화를 가진 사회를 연결하는 능력을 갖게 되는데, 이 문화 연결 능력이 인간만의 고유 능력인 공감과 창의력, 상상력을 키워 줄 수 있다고 판단하기 때문이다.

그곳에서는 단순히 생활하는 것에 그치지 않고, 각 학기 수업마다 LBALocation Based Assignme와 시빅 프로젝트Civic Project 등을 수행한다.

LBA는 지역 기반 과제로, 기숙사가 위치한 도시에서 학습 내용을 적용할 수 있는 주제를 정하여 프로젝트를 진행한다. 시빅 프로젝트는 머무르고 있는 도시의 기업이나 단체와 협업을 진행하는 프로젝트이다. 학생들은 다양한 경험을 통하여 각 나라에 대한 견문을 넓히며, 수업에서 배운 것을 현장에 적용하며 글로벌 시민이 되는 법을 배운다.

책에서 배운 지식을 현장에 적용하며, 학교에서 배운 지식이 어디에서, 어떻게, 적용되는지 관찰하고 고민하는 과정을 거친다. 이러한 과정을 통해 수업에서 배운 지식이 '죽은 지식'이 아니라 '살아 있는 지식'이 되고, 사고력도 증진된다. 이것은 넬슨이 대학생 때 원하던 교육의 모습이기도 하다.

거꾸로 수업과 캡스톤 프로젝트

미네르바는 어디서든 배울 수 있는 진부한 과목들은 개설하지 않는다. 교과서의 지식을 수동적으로 배우기보다 기초적 개념과 생각하는 방식을 터득해야 하기 때문이다. 미네르바는 '교수' 중심의 학교가 아닌 '학생' 중심의 학교이다. 모든 클래스가 20명 이하로 구성되어, 자체 개발한 '포럼 Forum'이라는 프로그램을 통해 온라인으로 진행된다.

수업은 '거꾸로 교실' 방식이다. 학생들은 수업 전에 관련 자료를 먼저 숙지하고, 이를 바탕으로 수업에서 토론이 이루어진다. 교수와 학생들이 의견을 주고받으며 '학생이 중심이 되는 세미나 형식'으로 진행된다. 포럼은 모든 것이 기록되고 데이터로 저장되기 때문에, 교수는 학생 개개인과 교류하고 맞춤형 교육을 할 수 있다.

예를 들어, 포럼은 학생들의 발언량을 측정한다. 수업 중 말을 많이 한 학생에게는 빨간색으로 배경이 표시되고, 발언량이 적은 학생의 화면은 초록색이 된다. 그래서 교수는 색깔을 기준으로 학생들의 참여도를 알 수 있다. 자연스레 학생의 참여 효율을 높일 수 있다. 더불어 수업 중 그룹별로 영상 회의를 할 수도 있다.

미네르바의 교수들은 일방적 강의자가 아닌, 능동적 학습을 도와주는 '협력자facilitator'로서의 역할을 담당한다. 학기 내내 과제 수행과 평가가 이루어지며, 교수와 학생 간에 지속적인 피드백이 이어진다.

미네르바에서는 전통적인 방식의 시험 평가가 없다. 녹화한 수업을 돌려 보며, 학생의 발표를 비롯한 수업 태도, 과제, 프로젝트 등을 종합적으로 평가한다. 또한 학생들을 '순위'로 평가하지 않고 '학생 자체'를 평가한다. 수업에 성실히 임하고 과제와 프로젝트 등 매사에 성실하고 능동적으로 참여해야 좋은 성적을 얻을 수 있다. 미네르바의 4년 교육 과정은 다음과 같다.

- **1학년 – 기반 작업**: 비판적 사고력, 창의적 사고력, 효과적인 소통 능력, 협업 능력을 향상시키는 과정이다. 미네르바는 이 능력이 좋은 학생이 되기 위한 전제조건이며, 모든 학문에 필요한 기본 역량이라 생각한다.

- **2학년 – 방향성**: 학업 조언가와 협력해 다양한 전공에 대해 알아본 후, 전공을 선택한다. 복수 전공도 선택할 수 있다.
- **3학년 – 집중**: 전공을 기반으로 더 깊은 공부를 하는 과정이다. 다만 너무 편협해지지 않고, 현실에 적용할 수 있도록 수업이 구성되어 있다. 이때부터 캡스톤 프로젝트(자신이 배운 것의 축적물)를 시작한다.
- **4학년 – 합성**: 캡스톤 프로젝트의 완성이다. 자신이 그동안 미네르바에서 배운 것을 바탕으로 자신이 의미 있다고 생각하고 실제로 의미 있는 것을 만들어 내야 한다. '사회에서 당장 써 먹을 수 있고, 세상에 공헌할 수 있는 수준의 새로운 내용을 발표하라'는 것이 학교의 요구 사항이다. 그렇게 만든 결과물을 졸업하기 전에 발표한다. 건물을 완성할 때 갓돌(캡스톤)을 놓듯 지난 4년간 전 세계를 돌며 공부한 것을 마무리하라는 것이다.

캡스톤 디자인Capstone Design 은 공학적 혹은 사회학적 문제를 해결하기 위하여 학생 스스로 창의적인 아이디어를 내고, 그 문제를 해결하기 위한 목표를 설정하고The establishment of objectives and criteria, 이를 달성하기 위하여 분석Analysis, 제작Construction, 시험Testing 을 실시하여 최종 평가Evaluation 까지 학생 스스로 수행하는 과정이다.

미네르바 학생들은 4년간 세상에서 유용하게 사용할 수 있는 획기적인 내용물을 만들어 내는 캡스톤 프로젝트를 진행한다. 캡스톤 프로젝트는 스타트업을 위한 사업 계획 수립, 실험실 연구, 연극 작성 또는 예술 설치 제작에 이르기까지 다양하다. 이것은 4차 산업 혁명 시대에 걸맞는 공부 방법이라고 할 수 있다. 유용하고 쓸모 있는 것을 만드는 과정에서 융합 사고력과 창의력은 극대화된다.

캡스톤 프로젝트는 '새로운 규칙과 게임을 만들어 내는 능력'과도 밀접하게 관련되어 있다. 창의 사고력을 강조하면서도 강의식이나 주입식 수업을 계속할 것이 아니라, 학생들이 자기만의 '창조물'을 만들 수 있도록 교육의 틀을 완전히 바꿔야 한다. 이와 관련하여 벤 넬슨은 대학의 방향에 대하여 이렇게 조언하고 있다.

"만약 대학이 지금처럼 정보만을 제공하는 교육을 한다면 사업적으로도 성공하지 못하고 유지도 되지 못할 것입니다. 왜냐하면 인터넷을 통해 정보 접근이 무료로 되고 있기 때문입니다. 하지만 대학이 혁신을 선택하고 교육을 통해 학생들의 완전한 자기 계발을 도울 수 있다면 학생들은 지혜와 의사 결정 능력, 사고 체계를 개발할 수 있는 능력을 갖추게 될 것입니다. 이것이야말로 대학의 유지뿐만 아니라 우리 사회에도 매우 중요한 일입니다."

많은 회사들이 일할 사람이 부족하다고 호소하는데, 이는 학생들이 대학에서 배운 것과 실제 회사 생활에서 필요한 것이 매칭이 안되기 때문이다. 미네르바는 그 간격을 줄이고자 1학년 때부터 실제 살아가는 데 필요하고, 회사에서 필요한 전문성을 기르게 해 준다. 이렇게 미네르바의 교육은 아이비리그 교육보다 실전에 즉시 투입 가능한 인재로 양성한다는 데 의미가 있다.

전통적인 학교는 세상과 동떨어진 모습이었으나 4차 산업 혁명 시대의 학교는 세상과 유사한 방식으로 흘러가야 한다.

거꾸로 공부 포인트

❶ 수업에서 배운 지식이 '죽은 지식'이 되지 않고, '살아 있는 지식'이 되도록 환경을 조성해야 한다.

❷ 유용하고 쓸모 있는 것을 만드는 과정에서 융합 사고력과 창의력은 극대화된다.

▼●▼

거꾸로 교실 너머

국제로봇협회IFR의 World Robotics 2021에 따르면, 2010년 이래 산업용 로봇의 수요는 지속적인 자동화 추세와 로봇 공학의 기술 혁신으로 인해 크게 증가하였으며, 2015~2020년까지 연간 설치 규모는 매년 평균 9% 증가하였다. 전체 로봇 시장의 성장세와 함께 자율 이동 로봇의 활용은 보다 뚜렷한 증가세를 보이고 있다. IFR에 따르면 2020년 글로벌 운반 로봇의 총 사용 대수는 약 10만 대로 2019년 대비 36% 증가한 것으로 나타났다.

전 세계적인 로봇 혁명으로 최근 몇 년 사이 산업 현장의 모습이 확연히 바뀌고 있다. 인공 지능과 '빅 데이터' 기술이 결합되면서, 최근에는 미국 사무직 업무의 상당수가 로봇에게 넘어갔다. 법률 회사에서는 컴퓨터가 판례를 모아 변호사들의 재판 준비를 돕고, 증권 회사에서는 로봇이 시황 자료를 작성한다. 자동차 판매 업체는 인공 지능 로봇으로 온라인 광고를 제작하고, 은행 창구에서도 로봇 직원이 수많은 거래 중 자금 세탁이 의심되는 거래를 즉시 걸러 내어 금융 당국에 보고하고 있다. 이들 모두 10년 전만 해도 인간만이 할 수 있는 일로 분류되었던 업무들이다.

이처럼 로봇의 등장으로 산업 혁명이나 인터넷 등장 이상의 혁신적인 변화를 앞으로 겪게 될 것이다. 지식의 수명은 점점 짧아지고 새로운 지식은 폭포수처럼 쏟아지게 될 것이다. 지금의 학생들이 세상에 나갔을 때 그 세상은 어떤 모습일까? 그리고 학창 시절에는 어떤 준비를 하여야 할까?

우리가 거꾸로 교실에 관심을 가지는 것은 그것이 21세기 학생들을 위한 효과적인 시스템일 수 있기 때문이다. 기본적인 일과 반복적인 일은 로봇이 대신하는 시대가 다가오고 있다. 덕분에 인간은 좀 더 고차원적인 창의력을 요구하거나 마음 또는 영혼과 관련된 일에 집중할 수 있게 되었다.

따라서 학생들은 세상에 나갈 준비를 하는 시기에 좀 더 능동적이고 사고력을 키우는 주체적인 활동을 통하여 자기만의 콘텐츠를 생산할 수 있도록 훈련되어야 한다.

《공부하는 사람들》의 저자인 서던캘리포니아 대학의 더글러스 토머스 교수는 2010년 대학생 우등 과정 세미나를 가르치다가 교육 체계의 커다란 문제점을 발견하게 되었다고 고백하였다.

그 과정의 최종적인 목표는 우등 과정의 논문 계획안을 만드는 것이었다. 그래서 더글러스는 다양한 방법과 기술, 출판 목록을 다루는 지침에 대해 자세히 가르쳤다. 그런데 더글러스가 가장 쉬울 거라 생각하였던 것이 학생들에게 가장 어려운 문제였다는 것을 알고 놀라게 되었다. 학생들에게 가장 어려운 부분은 다름 아니라 '자신의 논문의 주제를 정하는 일'이었다.

학생들은 어떤 주제로 논문을 쓸 것인지 정하지 않은 채 더글러스를 만나러 왔다. 그래서 학생들에게 이렇게 질문하고는 하였다.

"학생이 가장 많이 신경 쓰고 있는 분야가 무엇인가요? 매일 아침마다 일어나서 쓰고 싶은 것이 무엇입니까?"

하지만 대부분의 학생들이 이렇게 대답하여 더글러스를 충격에 빠트렸다.

"잘 모르겠습니다. 그런 질문을 받아 본 적이 없거든요."

초·중·고 12년 동안, 그리고 대학 3년 동안 학생들은 수동적으로 공부하고 있었던 것이다. 자신이 할 공부의 주제를 정하지 못하고 남이 정해 준 주제를 의무적으로 따라가다 보니 머리와 가슴은 화석처럼 굳어만 갔다.

학생 스스로 공부의 주제를 정하도록 하는 일은 거꾸로 교실에서 실천해야 할 방향이라고 할 수 있다. 미래의 교실은 학생의 열정이 반영된 교실에서 공부가 진행되어야 한다. 그래야 배움이 일어날 수 있다. 사실 전 세계적인 교실 붕괴와 학생들의 무기력은 학생의 열정이 살아날 수 없는 시스템에서 기인한다.

살만 칸은 루이지애나의 초등학교에 다닐 때 특수 교육을 받을 기회가 있었다. 정규 수업이 끝나면 여러 학년이 섞여 있는 교실에 가서 한 시간 정도 특별 수업을 들었다. 선생님은 그에게 이렇게 물어보고는 하였다.

"오늘 뭐하고 싶니?"

아니 7살한테 무엇을 하고 싶냐고 물어보다니? 보통은 아이에게 어떻게 하라고 시키는 것이 일반적인데. 선생님의 물음에 살은 이렇게 대답하였다.

"저는 그림 그리는 것을 좋아해요. 퍼즐도 좋아하고요."

"그래 그렇다면 유화를 그려 볼까? 이 퀴즈는 알아?"

라고 말씀하시며 선생님은 수업을 진행하셨다.

살만 칸은 그 한 시간이 자기가 손꼽아 기다리는 최고의 시간이었다고 회고한다.

"정규 수업 5시간보다도 많은 것을 배웠고, 친구 집에서 자는 것보다도 신났죠. 하고 싶은 것을 하니까요."

하고 싶은 것을 할 수 있었던 초등학교에서의 그 수업이 칸 아카데미를 운영하는 데 큰 영감을 주었다고 한다.

그렇다면 학생들의 흥미와 열정이 반영된 수업을 어떻게 꾸밀 수 있을까? 존 버그만의 거꾸로 교실도 이러한 고민에서 출발하였다. 수가타 미트라의 SOLE에서 학생들에게 큰 질문을 하거나, 학생들이 주제를 정하도록 하는 것은, 그들의 열정을 불러일으키는 중요한 작용을 한다.

전통적인 교실에서는 질문은 교사가 하고 대답은 학생들이 주로 하였다. 학생들은 올바른 답이 무엇인지 생각해서 교사가 원하는 답에 맞추도록 훈련되어 갔다. 과연 이를 통해 학생들은 창의력이 확장되고 문제 해결력이 커지며 능동적이 되었을까?

전통적인 의미에서 공부는 지식과 정보가 교사로부터 학생에게 잘 전달되고, 그것이 얼마나 잘 전달되었는지 평가하는 과정이었다고 할 수 있다. 배움은 교실이 중심이 되고 교사가 기준을 제시하였다.

하지만 학교 밖에서 우리는 매일 배움이 일어나는 현실에 살고 있다. 이러한 현실의 새로운 공부 문화는 교실과 공부 방식의 변화를 요구한다. 문제가 끊임없이 생겨나고 그것을 해결해 나가야 하는 것이 세상이다. 또 오늘날 디지털 기술은 무한대로 발전하고 있다. 디지털 기술은 잘 기억하기 위한 도구이면서, 잘 잊기 위한 도구이기도 하다. 디지털 기술의 발달로 오래 기억하기 위한 노력보다, 새롭게 질문하고 창의적인 결과물을 만들어 내는 데 더 많은 시간을 쏟을 수 있게 된 것이다.

21세기에 걸맞은 거꾸로 공부는, 자신의 공부 주제를 정하여 자신만의 콘텐츠를 만들어 내는 과정을 경험하는 것이다. 자신의 열정과 흥미를 모아 동료와 협력하며 새로운 집단 지성을 만들어 공동체와 상생의 가치를 체험하고, 세상에 나가 이를 구현하는 힘을 갖추는 것이 미래 교실의 청사진이라 할 것이다.

"21세기 아이들은 스스로 공부한다"

수가타 미트라는 자신의 교육 실험을 다룬 책 '구름 속의 학교The School in the Cloud' 원고를 완성한 후 한 가지 흥미로운 생각이 들었다. 그것은 '아이들에게 책의 서문을 쓰게 하면 어떨까?' 하는 것이었다. 그래서 그는 그동안 교류하던 런던의 벨빌 초등학교에 갔다.

실험에 참여한 아이들은 7살이었다. 그는 아이들에게 말하였다.

"얘들아, 내가 책을 한 권 썼는데 너희들이 서문을 써 주었으면 좋겠어."

그러자 아이들이 질문하였다.

"서문이 뭔가요? 잘 모르겠는데 설명해 주세요."

"글쎄, 그건 너희들이 알아내 보렴."

미트라 교수와 교사들은 멀찌감치 떨어져 아이들을 관찰하였다. 아이들은 책의 핵심 원고를 받아들고 네 명씩 그룹을 지어 앉았다. 각 그룹에서는 원고를 큰 소리로 읽는 '낭독자', 모르는 단어나 개념을 인터넷으로 찾는 '연구자', 두 명의 '서기'를 뽑았다. 상황은 물 흐르듯 흘러갔다.

열흘이 지나고 다시 학교를 방문하였을 때, 아이들은 서문의 뜻을 알아내어 작품을 완성해 놓았다.

이제 아이들이 작성한 서문의 일부를 들여다 보자.

"이 책은 자기조직적 학습환경SOLE에서 배우는 학생들 이야기예요. 전 세계 여러 나라 어린이들이 SOLE을 경험하였어요. SOLE은 아이들이 스스로 배우는 거예요. SOLE에는 선생님이 없어요. 이 책은 선생님들에 관한 평범한 책이 아니에요. 학생들이 스스로 공부하고 가르치는 방법에 관한 책이에요. 이 책에는 아이들이 어떻게 스스로 배울 수 있는지도 쓰여 있어요.

이 책은 아이들이 스스로 배우게 해서 문제를 고치려고 해요. 아이들이 함께 이야기할 수 있으니까 서로서로 배워요. 이 책을 읽으면 스스로 배우는 아이들을 특히 강조한다는 것을 알게 될 거예요.

이 책은 학생이 스스로 배우며, 도와줄 선생님은 필요하지 않다는 점을 강조해요. 어린 학생은 SOLE 덕분에 몇 년 동안 스스로 공부하고 있어요.

이 책은 아이들에 관한 책이지만 어른을 위한 책이에요. 아이들은 독립적으로 혼자 공부할 수 있어야 해요. 아이들은 스스로 배울 수 있어요. 이 책을 다 읽고 또 다르게 배우는 방법을 상상해 보세요."

아이들은 스스로의 힘으로 책의 서문을 훌륭하게 만들었다. 미트라 교수는 아이들은 혼자 있을 때보다 함께 있을 때 훨씬 빠른 속도로 학습한다고 하였다. 서문이 무엇인지도 모르는 아이들이 원고를 읽고 서문이라는 작품을 만들어 냈듯이, 아이들은 내면에 무궁한 창조력을 가지고 있다. 그것을 끌어내어 스스로의 힘으로 쓰게 하는 것이 교사의 코칭 능력이라고 할 수 있다. 아이들은 흥미와 호기심이 충만할 때 자기 앞에 놓인 난관을 헤쳐 나간다.

'적절한 환경과 기회를 제공하면 아이들은 스스로 배움을 조직화할 수 있다'는 미트라 교수의 말처럼, 거꾸로 교실은 그러한 장을 제공하는 플랫폼이다. 그렇기 때문에 배움의 동기를 이끌어 내어 참여자가 되는 자리라면, 그곳이 어디든 거꾸로 교실이 될 수 있다. 일상생활에서 아이들이 거꾸로 배움을 많이 경험할 수 있었으면 좋겠다.

공부에 대한 관점을 바꿀 때 거꾸로 교실을 통한 거꾸로 배움이 일상화될 수 있다. 공부를 과거의 지식을 소비하고 습득하는 과정으로만 이해할 것이 아니라, 과거의 것들을 질료로 삼아 자기만의 창조적 작품을 만들어 내는 과정으로 바라봐야 한다. 지식의 소비자에서 지식의 생산자로 관점을 디자인할 필요가 있다.

똑같은 회사의 스마트폰을 쓰더라도 사용하는 앱은 사용자의 생활 패턴과 취향에 따라 다르다. 사람들은 자신에게 가장 맞는 스타일로 최적화하는 데 이미 익숙해져 있다. 세상은 더 개별화되고, 소비만 하던 방식에서 벗어나 생산과 참여의 방식이 일반화되어 가고 있다.

따라서 아이들에게도 참여의 기회를 제공하고, 지식과 정보의 생산자 관점을 갖도록 도와야 한다.

이와 같은 학습에 대한 뒤집어진 발상이 21세기 아이들에게 새로운 학습의 장을 제공하게 될 것이다. 그 과정에서 '거꾸로 배움'이 일상화될 수 있을 것이라 생각한다.

참고 문헌

서적

1 무지한 스승, 자크 랑시에르, 궁리

2 랑시에르의 무지한 스승 읽기, 주형일, 세창미디어

3 자기주도학습 코칭 매뉴얼, 정형권, 성안당

4 나는 공짜로 공부 한다, 살만 칸, 알에이치코리아

5 스티브 잡스, 월터 아이작슨, 민음사

6 거꾸로 교실, 존 버그만, 에듀니티

7 플랫폼의 눈으로 세상을 보라, 김기찬 외, 성안북스

8 플랫폼을 말하다, 플랫폼 전문가그룹, 클라우드북스

9 하브루타, 전성수, 라이온북스

10 슬로 리딩, 하시모토 다케시, 조선북스

11 천천히 깊게 읽는 즐거움, 이토 우지다카, 21세기북스

12 크라센의 읽기 혁명, 크라센, 르네상스

13 생각하지 않는 사람들, 니콜라스 카, 청림출판

14 새로운 공부 문화의 생생한 현장, 송형호, 공부하는 사람들 후기

15 공부하는 사람들, 더글라스 토머스, 라이팅하우스

16 나를 표현하는 글쓰기, 나를 대신하는 책쓰기, 정형권, 지앤선

17 최고의 교사, EBS 최고의 교사 제작팀, 문학동네

18 나는 누구인가, 강신주 외, 21세기북스

19 도덕경, 오강남 풀이, 현암사

20 구름 속의 학교, 수가타 미트라, 다봄교육

21 언택트 공부 혁명, 호시 도모히로, 웅진지식하우스

22 미네르바의 탄생 교육의 미래, 김필성·강현석, 공감플러스

23 디지털 노마드 세대를 위한 미래교육 미래학교, 박희진 외, 미디어숲

논문, 신문 기사 등 기타 자료

거꾸로 교실 거꾸로 공부

Foreign Copyright:
Joonwon Lee
Address: 3F, 127, Yanghwa-ro, Mapo-gu, Seoul, Republic of Korea
      3rd Floor
Telephone: 82-2-3142-4151, 82-10-4624-6629
E-mail: jwlee@cyber.co.kr

거꾸로 교실 거꾸로 공부

2023. 3. 20. 1판 1쇄 인쇄
2023. 3. 29. 1판 1쇄 발행

지은이 | 정형권
펴낸이 | 이종춘
펴낸곳 | [BM] ㈜도서출판 **성안당**

주소 | 04032 서울시 마포구 양화로 127 첨단빌딩 3층(출판기획 R&D 센터)
    | 10881 경기도 파주시 문발로 112 파주 출판 문화도시(제작 및 물류)
전화 | 02) 3142-0036
    | 031) 950-6300
팩스 | 031) 955-0510
등록 | 1973. 2. 1. 제406-2005-000046호
출판사 홈페이지 | www.cyber.co.kr
ISBN | 978-89-315-5974-3 (13370)
정가 | 16,000원

이 책을 만든 사람들
기획 | 최옥현
진행 | 오영미
교정 · 교열 | 이진영
본문 · 표지 디자인 | 홍정순
홍보 | 김계향, 유미나, 이준영, 정단비
국제부 | 이선민, 조혜란
마케팅 | 구본철, 차정욱, 오영일, 나진호, 강호묵
마케팅 지원 | 장상범
제작 | 김유석

■ **도서 A/S 안내**

성안당에서 발행하는 모든 도서는 저자와 출판사, 그리고 독자가 함께 만들어 나갑니다.
좋은 책을 펴내기 위해 많은 노력을 기울이고 있습니다. 혹시라도 내용상의 오류나 오탈자 등이 발견되면 "좋은 책은 나라의 보배"로서 우리 모두가 함께 만들어 간다는 마음으로 연락주시기 바랍니다. 수정 보완하여 더 나은 책이 되도록 최선을 다하겠습니다.
성안당은 늘 독자 여러분들의 소중한 의견을 기다리고 있습니다. 좋은 의견을 보내주시는 분께는 성안당 쇼핑몰의 포인트(3,000포인트)를 적립해 드립니다.
잘못 만들어진 책이나 부록 등이 파손된 경우에는 교환해 드립니다.